라이커빌리티

라이커빌리티

김현정 지음

메이트북스

메이트북스 우리는 책이 독자를 위한 것임을 잊지 않는다.
우리는 독자의 꿈을 사랑하고,
그 꿈이 실현될 수 있는 도구를 세상에 내놓는다.

라이커빌리티

초판 1쇄 발행 2022년 7월 1일 | 지은이 김현정
펴낸곳 (주)원앤원콘텐츠그룹 | 펴낸이 강현규 · 정영훈
책임편집 박은지 | 편집 안정연 · 남수정 | 디자인 최정아
마케팅 김형진 · 서정윤 · 차승환 | 경영지원 최향숙 | 홍보 이선미 · 정채훈
등록번호 제301-2006-001호 | 등록일자 2013년 5월 24일
주소 04607 서울시 중구 다산로 139 랜더스빌딩 5층 | 전화 (02)2234-7117
팩스 (02)2234-1086 | 홈페이지 www.matebooks.co.kr | 이메일 khg0109@hanmail.net
값 17,000원 | ISBN 979-11-6002-376-3 (03190)

성공이란 시간이 지날수록
나의 가족과 내 주변 사람들이
나를 점점 더 좋아하는 것이다.

· 짐 콜린스(Jim Collins), 세계적인 경영전략가 ·

우리는 다른 사람에게 받는 관심과 배려가 중요한 존재다.
다른 사람에게 관심과 사랑을 받을 수 없고
나조차도 그런 것을 줄 필요가 없을 때,
인간은 과연 존재의 의미를 찾을 수 있을까?
사람이 제일 좋아하는 것은 사람이다.

결국 사람들과의 관계가
삶을 풍요롭고 행복하게 해준다.

사람들이 진짜 좋아하는 사람들은 모두
남들에게는 관대하고
자신은 낮출 줄 아는 사람들이다.
사람들은 잘못과 부족함이 없는 것보다
그것을 인정하는 모습을 좋아한다.
그것이 더 어렵기 때문이다.

사람들은 누구나 아픈 구석, 약점이 있다.
우리가 다 가진 것처럼 보이는 사람도 그렇다.
그러나 보통 사람들은 그것을 가리고 싶어한다.
하지만 그것을 꺼내놓을 때
사실은 더 많은 위로와 사랑을 받는다.
다른 사람들도 다 비슷하기 때문이다.

사람들을 매혹하고, 최고가 되고,
모든 것을 다 가져야만
인생에 승리하는 것이 아니다.
그리고 시대가 바뀌어서
인색하게 혼자 잘사는 사람보다
사람들과 함께 잘살아보고자 하는
사람들의 숫자가 더 많아지고 있다.
이런 시대를 맞아 살아가는 논리는
당연히 예전과 달라져야 한다.

결국 누구와 함께할 때 더 기분이 좋은지가 답인 시대다.

그간 공부만 잘하면, 일만 잘하면, 성과만 좋으면

더 사랑받고 행복한 삶을 살 수 있으리라

믿었던 많은 사람들에게는 새로운 시각이 필요하다.

사람이 무언가 계속 잘되면 사실 감을 잃는다.

주변에 그를 칭송하는 사람들이 넘쳐나면서

오만에 빠지기 쉽다.

그리고 그들이 만들어주는 이미지에 도취되어

그것이 의도대로 사람들에게

전달되고 있다고 느끼기 쉽다.

사실 그 순간이 가장 경계해야 하는

순간임을 알아야 한다.

그리고 길게 가려면

자연스럽게 내려올 줄도 알아야 한다.

내가 중심을 가지고
좋은 사람으로 성숙해가면서
대인관계에서는 유연하게
대처할 수 있는
세련된 사람이 되어야 한다.

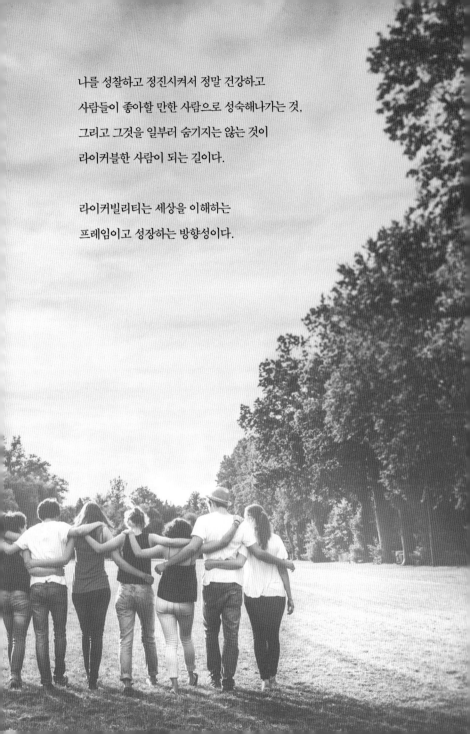

나를 성찰하고 정진시켜서 정말 건강하고
사람들이 좋아할 만한 사람으로 성숙해나가는 것,
그리고 그것을 일부러 숨기지는 않는 것이
라이커블한 사람이 되는 길이다.

라이커빌리티는 세상을 이해하는
프레임이고 성장하는 방향성이다.

좋아할 만한 사람은
분명 따로 있다

사람들은 생각보다 다른 사람들의 인정과 관심을 많이 필요로 하는 존재다. 인간의 역사는 인정의 역사라고 할 만큼 다른 사람들에게 어떻게 보이는지가 중요하고, 지금 우리가 겪고 있는 상당 부분의 어려움 역시 사람들과의 관계에서 기인한다.

나 역시 지난 삶을 돌아보면 사람들과 잘 지내서 관계에서 오는 고통을 줄이는 것이 가장 큰 화두였다. 코칭·교육 현장에서 만나는 대단한 리더들 역시 "사람이 제일 어렵다"는 고충을 매번 털어놓는다.

그래서 나는 심리학, 리더십, 교육학 등 '인간관계'와 관련 있는 것들은 전 세계에서 제일 좋다는 학교의 문을 두드리며 공부하고 연구하고, 나아가 나와 나의 클라이언트들의 삶에 접목하려고 무지하게 애를 써왔다. 이 원리를 리더들에게 수십 수백 번 설명하다 보니, 결국 그 원리는 한 문장으로 귀결되었다. '사람들은 옳은 말이 아니라, 내가 좋아하는 사람의 말을 따른다.' 결국 좋아할 만한 사람이 되어야 리더십이든, 성공이든 원하는 것을 가질 수가 있다.

나는 오랜 시간 동안 기업에서 수많은 리더들과 함께 사람을 좋아하게 만드는 요소를 찾았고, 그것들이 현실에서 작동하도록 하는 작업을 해왔다. 그러면서 리더십이라는 것이 결국에 사람들에게 영향을 끼치는 것이고, 이것은 명석한 판단력이나 지력에 의한 것이 아니라는 것을 점차 명확하게 알아갔다. 이성(理性)은 '내가 좋아하느냐 좋아하지 않느냐'가 결정된 다음에 그 이유를 만들어내는 역할을 한다. 탁월한 업무 능력을 가진 리더들에게 인간적 매력을 갖추게 하면서, 즉 '라이커빌리티(Likeability)'를 키워서 영향력을 극대화하고, 그를 좋아하고 따르는 이들이 최선을 다해 조직을 성장시키고 재무적 성과를 내게 하는 도식은 언제나 성공적이었다.

'매력 분출의 표준 분포표'라는 것이 있다면 한쪽 끝단은 매력이 너무 없어서 인기가 없어 외롭고, 한쪽 끝단은 매력을 너무 넘치게 분출해서 시기 질투의 대상이 되어 외롭다. 표준 분포표 가운데, 그 가운데에서 조금 더 좋은 쪽에 위치하면 좋다. 이것이 인간사, 즉 인간관계, 삶의 행복도의 골든 존이다. 이곳에 잘 안착하는 것이 라이커블한 삶이다. 모든 것은 결국 '정도'의 문제이고, 그 '정도'는 객관적 지표가 아니라 개인들의 인식이다.

이 사실은 우리가 사람들 사이에서 안전하고 행복하게 살아갈 수 있게 해주는 매우 희망적인 명제다. 우리는 노력으로 매력도 만들 수 있고, 사람들이 그렇게 느끼게 할 수도 있다. 넘치는 매력을 적절히 분출하고, 다른 행동으로 질투를 관리할 수도 있다.

이것은 타고나는 것이 아니라 노력의 영역이다. 별다른 매력이 없는 사람도 사람들의 관심과 인정을 통해 사랑받을 수 있고, 시기 질투의 대상이라면 매력을 드러내는 것을 관리해 원하는 것을 얻을 수도 있다. 압도적인 사랑을 받는 것이 타고나는 것이라면 그저 사람들이 좋아하게끔 하는 힘은 노력으로 만들어질 수 있다.

그런데 이 노력을 많은 사람들이 엉뚱한 곳에 쏟는 것을 본다. 성공한 것처럼 보이거나 자신의 잘남을 더욱 드러내면 사람들이 자신을 좋아해줄 것이라고 생각하지만, 사실은 사람들이 다른 사람을 진정으로 좋아하게 하는 것은 영 다른 것이다.

이런 눈으로 바라보면 리더십뿐만 아니라 일반적 삶에서 이해하기 어려운 '비상식적' 현상들이 결국 상식임을 발견할 수 있다. 현상은 정녕 중요한 것이 무엇인지를 끊임없이 보여주고 있다.

블라인드 테스트를 하면 펩시콜라가 더 맛있다는 것을 알게 되어도 눈 뜨고 있을 때는 코카콜라를 마신다면, 버거킹이 더 맛있는 것을 인정해도 햄버거를 먹으러 맥도날드에 가는 것이 어이없다면, 내가 생각하는 상식이 과연 상식인지 다시 생각해볼 필요가 있다. 음식의 본질은 맛이라고 생각하겠지만, 사람들은 맛만 보고 음식을 먹지 않는다. 익숙함이나 개인적인 경험, 시각적 효과 등 수많은 것들이 선택의 요소가 된다. 그 수많은 것들의 결과는 '그냥' 좋아하는 것이 된다. 그리고 사람들은 그것을 선택한다.

사람도 마찬가지다. 모든 것이 완벽한 사람을 좋아하는 것 같지만 사람들은 모든 것을 다 가진 사람들을 선택하지는 않는다. 사람들은 타인을 자신과 동일시하거나 비교한다. 동일시는 나와 상대를 같은 사람으로 여기는 것이다.

멋진 상대를 자신과 동일시하면서 그에게 빠져들어가면서 내가 그가 된 것 같은 느낌에 자긍심을 느낀다. 그러나 그 콩깍지가 벗겨지면 그만큼 멋지지 않은 자신이 무진장 초라해 보인다. 여기서 나를 지키는 방법은 그를 깎아내리는 것이다. 내 마음속에서 깎아내리든지, 현실에서 실질적으로 끌어내리는 데 총력을 다한다. 내가 이렇게 잘났는데 나를 선택하지 않는 것에 분노할 것이 아니라, 그 사람에게 초라함을 느끼게 해주지 않는 사람이 되는 것이 더 선택받기 쉬운 길이다. 그래서 사람들은 적당히 만만한 사람을 좋아한다.

어떤 대기업 총수는 인스타그램 계정을 파더니 아침에 일어나 까치머리를 한 사진을 올린다. 어떤 기업인은 자신과 닮은 고릴라 캐릭터를 만들어서 그와 대치하는 장난스러운 장면을 연출해 자신의 SNS에 올린다. 국민 예능이라 불리는 〈1박2일〉에 처음부터 지금까지 계속 등장하는 사람은 강호동, 이승기, 차태현 씨가 아니라 김종민 씨다. 은메달을 따도 카메라 앞에서 죄송하다면서 눈물을 흘리던 올림픽 대표 선수들은, 이제 4등을 해도 환호성을 지르며 성취의 기쁨을 여과 없이 드러내고 사람들은 그 모습을 함께 기뻐한다.

완벽해 보이는 것의 가치는 이제 노골적으로 떨어지고 있다. 부족해 보이는 것이 매력인 시대다. 그것들이 조화를 잘 이루게 해서 사람들 사이에서 각자가 가지고 있는 개성과 가치를 쌓으면서 행복한 삶을 만들어가는 것, 이제는 그 작업을 해야 할 시기다.

이 책은 수많은 현상에서 볼 수 있는 사람들의 마음의 작용을 정리한 것이다. 완벽한 사람들의 비극적 결말, 자신의 완벽을 내려놓았을 때 얻게 되는 삶의 안정, 모든 걸 다 가진 것 같은 사람들이 선택받지 못하는 일들. 그런 것들이 비상식적이거나 이상한 일이 아니라 일반적인 현상임을 이야기한다.

그러한 현실을 직시하고, 그다음부터 우리는 라이커빌리티를 얻기 위해서 어떤 행동을 해야 하는지 다루었다.

외국 이론과 연구를 공부하고, 한국 현장에서 지난 7~8년 간 실행해보고 얻은 실전 결과들이다.

물론 내가 해본 것들이다. 내가 해보니까 먹히는 것들이다. 나처럼 관계에서 오는 괴로움의 실체를 알고, 그것을 사람들이 나를 좋아하게 하는 요소로 변환하는 데 관심이 있다면 분명히 아주 실용적인 도움이 될 것이다.

나는 코칭을 하는 사람이다. 내가 하는 말이 먹히지 않았다면 나에게 다음 일자리는 없다. 그러나 사회과학에서 언제나 예외는 존재한다. 다른 사람에게는 다 맞아도 나에게는 안 맞을 수 있다. 만약에 실행을 해봤는데도 변화가 없다면 괜찮다. 시행착오는 반드시 필요하다.

이 책을 읽고 나면 바로 라이커블한 인간으로 환골탈태하는 것도 아니다. 그러나 이런 식으로 계속 생각을 하고 세상을 바라보고, 그리고 조금씩 할 수 있는 것부터 시작해본다면 1~2년 후에는 분명 주변 사람들이 먼저 찾는 '아주 괜찮은 사람'이 되어 있는 자신을 발견할 것이다.

20년 전 출판계에 나를 데뷔시켜주고 이 책을 내주신 메이트북스의 정영훈 대표님께 가장 큰 감사의 말씀을 드리고 싶다. 나에게 너무나 의미 있는 원고이기에 가장 감사하고 귀한 분께 먼저 상의를 하고 싶었다. 마음껏 써보라고, 키다리 아저씨가 되어주시겠다고 하신 말씀이 이 책을 세상에 나오게 했다. 인기 있는 사람의 삶이 어떤 것인지 보여주고, 몸소 경험하게 해준 나의 딸에게도 감사의 말을 전한다. 또한 나의 뜻을 알아주고 동의해주신 수많은 나의 클라이언트, 나의 학생들, 그리고 이 책에 언급된 모든 분들께도 머리 숙여 감사의 뜻을 전한다.

용산에서 김현정

라이커빌리티

_ 사람들이 좋아하는 사람들

2장

왜 우리는
라이커블해져야 하나?

3장

어떤 것이 나를
라이커블하게 만드나?

4장

라이커빌리티의 기술
_ 사회적 기술

5장

이미 많은 것을 가진 이들을 위한
라이커빌리티

왜 우리는
라이커블(likeable)해야 하는가?

라이커빌리티란
무엇인가?

> 성공이란 시간이 지날수록 나의 가족과
> 내 주변 사람들이 나를 점점 더 좋아하는 것이다.
> - 짐 콜린스(Jim Collins) -

> 나는 봉준호 감독의 모든 것이 좋다.
> - 이미경 CJ그룹 부회장, 아카데미 시상식에서

> 나는 제법 독립적으로 키워졌지만, 결국 우리는
> 다 사랑받기 위해서 살아가는 것이 아닐까?
> - 영화 〈비포 선 라이즈〉, 셀린느

사람들이 호감을 갖게 할 수 있는 능력
= likeable(호감받을 만함) + ability(능력)
= 라이커빌리티(Likeability)

우리는 크고 멋있는 성공을 꿈꾼다. 사람들이 나를 사랑하고 부러워하길 바란다. 그러면 그것이 나에게 행복을 가져다줄 것이라고 생각한다. TV나 매체 속에 등장하는 대단한 성공을 이룬 사람들. 그런데 이상하다. 그런 사람들의 기사에는 그를 칭송하는 말들 못지않게 깎아내리거나, 그들을 욕하는 소위 '악플'들이 줄줄이 달린다. 나름대로 그들도 싫어하는 이유는 있다. 말이 되건 말이 되지 않건, 그냥 싫다는 뜻이다.

인기가 없어 고민인 사람들도 많다. 자신이 얼마나 잘나고 괜찮은 사람인지를 아무리 어필을 해도 사람들은 나를 슬금슬금 피하는 것 같다. 내가 속한 무리에서 나를 제외한 사람들이 나를 빼고 잘 지내는 것을 보면 화가 나고 불합리하다는 생각이 든다. 따져도 보고, 모른 척하며 그들에게 속해 보려고 아무리 애를 써도 잘 안 된다. 내가 참으로 인복이 없다는 생각이 든다.

사회적 동물인 인간은 다른 사람들에게 사랑받고 인정받기 위해 살아간다고 해도 과언이 아니다. 영아시절 돌봄이 없이는 생명을 이어갈 수 없는 존재인 인간은 사람들의 관심과 배려를 받아야 하게끔 진화를 해왔다. 어린 생명이 하나같이 귀여운 이유도 귀여워야 해치지 않고 목숨을 부지할 수 있기에 그렇게 진화를 해왔다고 하니, 인간이 누군가에게 사랑받는 존재가 되는 것에는 수많은 정서적·신체적 이로움이 있다. 반면 사회적 따돌림은 신체적 폭력과 똑같이 우리 뇌에 상처를 남긴다.

그러다 보니 사랑받기 위한 수많은 몸짓들이 상업적인 성공을 거둔다. 패션과 성형수술 같은 외모비즈니스는 큰 성공을 거두고, 사회적 지위를 확보하기 위한 교육비즈니스 역시 불황을 모르는 듯하다. 그러다 보니 다다익선처럼 매력이 크면 클수록 더 많은 사랑을 받을 것이라는 환상이 제법 크다.

그러나 중요한 것은 '정도'이다. 다른 사람들을 압도

할 만큼의 매력을 가지고 사랑을 받아야 좋을 것 같지만, 막상 그러한 압도적 매력을 가지게 되면 그를 시기·질투하는 사람들이 많아지고, 심지어는 갖은 이유를 붙여서 배격하고 상처를 주는 일들이 생긴다.

그것이 일부 대중들의 미성숙과 못남 탓이라고? 아니다. 그것은 인간의 자연스러운 감정이다. 조금 더 성숙해서 이런 질투를 드러내지 않고 잘 다루는 사람들만이 존재하는 것이지, 인간의 질투를 없앨 수 있는 방법은 애당초 없다.

따라서 강한 질투를 유발하지 않는 선에서 매력이 머무르는 것이 관건이다. 다다익선이 아니라 과유불급이다. 큰 명성과 부에 대한 환상을 현실적으로 관리할 필요가 있다. 과도하게 많은 것들을 가졌던 사람들 중에 죽을 때까지 편안하고 행복하게 살다 간 사람은 그다지 많지 않다. 많은 것을 누리는 와중에도 큰 고통을 겪고, 삶을 비극적으로 마감하는 경우도 흔하다.

그저 사람들이 좋아하는 정도의 사람이면 된다. 홀딱 빠져들어서 나만 바라보는 사람은 세상에 가족 몇

명이면 된다. 그 상사랑 일하게 되어서 좋고, 그 음식
점 사장님의 친절 때문에 단골이 되고, 그 친구랑 같
은 조가 되어 안도할 수 있을 정도면 된다. 그 사람에
게 최고가 되지 않더라도 불편할 필요 없이 편안한 관
계면 좋다. 매일 붙어다니지 않아도 되고, 모든 것을
일일이 이야기하지 않아도 친하다는 느낌 정도를 가질
수 있는 사람이면 된다. "나는 그 사람이 좋더라"라고
얘기하는 사람이 딱 내가 원하는 만큼만 있으면 된다.
라이커블하면 된다.

라이커빌리티가
이 시대에 중요한 이유

자본이나 관심이 최고의 것들에게 쏟아지던 시절은
이제 저물어간다. 패션계는 비정상적인 아름다움을 가
진 모델이 아닌, 보통 사람처럼 보이는 이들을 모델로
세우는 일이 많아졌다. 올림픽에서는 금메달을 딴 선

수뿐만 아니라, 출전해 최선을 다한 모든 선수들에게 박수를 보내는 분위기가 자리를 잡아간다. 소수의 스타뿐만 아니라 일반인들도 다양한 매력으로 각종 SNS 매체를 통해서 큰 인기를 얻고 있다. 사람들은 대량의 자본이 투입된 대작뿐 아니라 자본이 거의 투입되지 않은 보통의 인생을 보여주는 영상들도 즐겨본다. 바야흐로 세계적 트렌드다.

사람들은 편집된 영상이나 SNS를 통해서 더 광범위한 소통을 한다. 자신의 매력을 뽐내고 그것을 통해서 관계를 만들어가고, 가지고 있는 가치를 퍼뜨리거나 인기를 얻을 수도 있다. 매력전쟁터들은 이제 어디에나 있다. 고정되고 오랜 시간을 가까이 지내는 인간관계 대신 가변적이며 비대면의 피상적 관계들이 점차 보편화되어 간다.

이런 시대에는 자신의 매력을 어떻게 편집하고 조합하는지가 포인트가 된다. 도회적인 아름다움을 가진 배우가 엉성한 삶을 누리는 모습을 보여주어 친근감을 느끼게 하기도 하고, 어마어마한 부를 누리지만 의외로 소박한 생활태도와 기부와 선행의 모습을 통해 그 부가 누릴 만한 것이라며 그가 더 부자가 되기를 응원하게 하기도 한다.

우리나라는 이제 선진국이다. 경제규모가 성장하면 어느 나라든 개인주의가 자리 잡는다. 교육 수준이 높고, 운명은 자신이 개척할 수 있다는 생각을 가진 새로운 세대는 개인에 대한 존중을 그 잎 세대에 비해서 더 강하게 요구한다. 특히 1980년 이후에 태어난 사람들은 절반 이상이 외동이다. 집안에서 관심과 자원을 독점했다. 나도 그 어떤 사람만큼이나 중요하고, 똑같이 사랑받아야 할 존재라고 여긴다. 누군가가 특출나다고 그에게 자원과 관심이 쏠린다면 이런 상황을 사람들은 참지 못한다. 게다가 그것을 바탕으로 부를 축적하는 것을 참고 보는 일은 더욱 어렵다. 그저 배 아프다고 하고 넘어가는 시절도 아니다. 사람들의 이러한 불편함은 매체를 통해 충분히 상대에게 전달된다.

서로 다름을 인정하고, 그것을 존중하는 문화. 내가 다름을 인정받고 싶은 만큼 다른 사람이 나와 다름을 인정하는 문화도 개인주의의 한 모습이다. 즉 우월과 열등이 아니라 그저 다름으로 인정하고, 더 나은 것이 절대적 가치를 갖는 일도 적어질 것이다. 선진국이 되었다는 것은 최고가 아닌 것의 가치도 챙길 수 있다는 뜻이다.

일단은 몇 개의 산업이라도 키워야 하고, 세계에 국가의 이름을 알리는 것이 무조건 필요하던 때에는 엘리트를 길러내고 그들이 중추의 역할을 하는 것이 절대적으로 필요했다. 개인은 그 엘리트가 되기 위해 최선을 다했다. 엘리트를 선발하는 과정에서 낙오되지 않는 것을 큰 생의 목표로 삼았다.

이제 대부분의 국민이 일정 수준의 삶을 누릴 수 있는 상황이기에 최고가 되기 위해 삶을 갈아 넣는 일이 줄어들 수밖에 없다. 보통 사람들의 시대다. 이런 시대에는 개인들이 자신의 라이커빌리티 관리 방법도 그 패러다임을 달리 할 수밖에 없다. 잘나되 잘남을 과시하지 않고, 다른 사람들의 잘남도 잘 알아봐주는 라이커블한 사람이 되어야 한다.

라이커빌리티는 세상을 이해하는 프레임이고 성장하는 방향성이다. 사회적 동물인 사람은 다른 사람들에게 어떤 사람으로 보이는지에 대해서 끊임없이 신경을 쓰고, 사랑을 받기 위해서 끊임없이 노력을 해왔다. 어떤 노력은 성공을 거두지만 많은 노력들이 역효과만 낸다. 완벽하게 압도적으로 매력적인 사람이 되면 더 이상 아무런 노력을 하지 않아도 편하게 살 수 있을 줄 아는 이들이 많다. 그러나 사람들이 좋아하게 하는 것은 완벽하게 압도적인 매력이 아니다. 질투를 일으키지 않을 정도로 그저 좋아할 만한 정도면 충분하다.

1장

라이커빌리티

_사람들이 좋아하는 사람들

질투가 없는
라이커빌리티

　마이클 잭슨은 왜 그렇게 비참하게 죽었나? 자살인
지 타살인지도 모르고, 그를 괴롭힌 아동성애자 꼬리
표는 사기임이 만천하에 밝혀졌지만 우리는 그를 잃
었다. 우리가 사랑했던 스타들은 왜 점점 이상하게 변
해가나? 왜 열혈 팬은 안티 팬이 되나? 왜 이회창 씨
나 안철수 씨 같은 엘리트들이 대통령이 되지 못했나?
젊은 나이에 대통령이 된 명문가, 하버드 출신에 미녀
부인을 둔 케네디 대통령은 왜 암살을 당했나? 평화를
노래하던 존 레논은 왜 팬에게 총살을 당했나? 스탠퍼
드대학교 출신 래퍼인 타블로는 왜 진실을 요구받으며

분노의 대상이 되었는가?

대중이 사랑했던 그들은 왜 결국 대중에 의해 비극적 결론을 맞게 되었는가? 그들은 사람들의 강렬한 사랑을 끌어내는 러버빌리티(loveability)를 가진 사람들이지만, 라이커빌리티는 갖지 못했다.

사랑은 질투를 포함하고 있다. 우리가 사랑하는 사람들은 내가 갖지 못한 무언가를 가진 사람들이다. 사랑은 동일시다. 내가 사랑함으로 인해 그 대상이 된 것 같은 느낌이다. 하지만 정신이 드는 순간이 있다. 나는 그가 아니라는 것을 깨닫게 되는 순간이. 사랑하면서 알게 된 그의 면면이 이제 모두 질투의 대상이 된다. 그가 가진 재능, 그가 누리는 명성과 돈, 그리고 그가 누리는 사랑과 행복해 보이는 가정을 나는 갖지 못한 것을 깨닫는다. 그리고 그가 가진 것에 이제 질투를 느끼게 되고, 그것이 커지면 분노가 된다. 원래 분노는 질투를 내포한다.

심지어는 내가 그에게 줬던 사랑도 질투의 대상이 된다. 그를 질투하는 살리에르 같은 존재가 은근히 옆에서 기다리다가 이 질투가 생기기 시작할 무렵, 나를 강하게 흔들며 그를 증오해야 할 이유를 대준다. 그것이 진실인지 아닌지는 중요하지 않다. 내 질투를 활활 불태우게 할 뿐이다. 내가 사랑하면서 그에게 질투가 난다. 상응하는 사랑을 받았다고 느끼지 못하면 그 끝은 결국 파국이다.

우리는 사랑받고 싶다. 하지만 사랑이라는 것은 부모-자식과 같은 특수한 사이를 제외하고는 그 생명이 길지 않다. 심지어는 짧은 부모자식 간의 사랑도 있다. 우리는 사랑받는 사람들이 부럽다. 대중의 사랑을 받는 스타가 부럽고, 그런 물건을 만들어내는 사업가가 부럽다. 그런데 이 부러움은 어느 순간 질투가 된다. 질투가 되는 순간 사람들은 그 사랑을 파괴해버리고 싶어한다.

사람들은 사랑받는 사람들을 계속 좋아하지 않는다. 내가 사랑받지 못하는 데서 오는 박탈감이 질투와 화학작용을 할 때 비극적인 결말을 맺게 된다. 그러면 우리는 미움받는 사람이 되어야 하나? 절대로 그렇지 않다. 미움도 애정이 있어야 생긴다. 질투가 가장 큰 미움일 때가 많다. 그저 좋아할 만한 사람이 되면 된다.

사랑을 받는 것은 쉽지 않다. 보통 대중들의 사랑을 받을 만함을 의미하는 러버빌리티는 타고난다. 아름다운 외모나 카리스마 같은 것이다. 카리스마 역시 '신이 주신 은총'이라는 뜻의 희랍어다. 하지만 라이커빌리티는 내가 만들어간다. 타고나는 것을 잘 다듬어서 라이커빌리티를 만들 수 있으며 이것은 노력의 산물이다.

사랑은 감정이고, 결혼 생활은 일(노동)이다. 러버빌리티는 타고나는 것이고, 라이커빌리티는 노력의 산물이다. 러버빌리티를 타고났더라도 그것을 이 라이커빌리티로 바꾸지 않으면 위험하다. 타고난 러버빌리티가 없어도 라이커빌리티는 만들 수 있다. 축구스타인 박지성 선수는 잘 생기지는 않았다. 하지만 그의 노력과 성취로 그는 웬만한 미남보다 괜찮아 보이는 훈남형이 되었다. 그렇게 될 수 있다.

드러나지 않는 승리를 이끄는 라이커빌리티

임원들을 코칭하면, 성공하는 임원들이 어떤 특징을 갖고 있냐고 묻는 분들이 있다. 나는 쉽게 관찰되는 리더들의 행동을 답습하지 말 것을 주문한다.

우선 리더십에서 자신을 유난히 드러내는 사람들이 있다. 정치인이야 선거에 당선이 되어야 하니 필요하지만, 기업에서 리더는 굳이 자신을 드러낼 필요가 없다. 그러나 유난히 두드러지는 리더들이 있는데, 그들이 훌륭한 리더라서 드러나는 것이 아니라 '드러내는 것을 좋아하는' 사람들이라서 드러난다.

수많은 성공 사례들이 거짓으로 밝혀지거나 소리 소문도 없이 사라지는 것을 봤다. 자신을 드러내어 과도한 찬사나 인정, 특권을 바라는 나르시시스트 리더일 가능성이 높다. 이 유형의 리더는 최악의 리더로 꼽힌다. 단기적 성과를 내지만 조직을 개인의 과도한 인정과 찬사의 수단으로 여기기 때문에 끝이 좋을 수가 없다. 트럼프 미국 전 대통령이 대표적인 예다.

국민 예능 KBS 〈1박2일〉의 시작부터 지금까지 함께하는 멤버는 누구인가? 이승기 씨, 강호동 씨, 차태현 씨가 아니다. 김종민 씨다. 삼성전자에 수많은 사장들이 오고 갔다. 가장 기억에 남는 이름이 무엇인가? 진대제 전 사장, 황창규 전 사장? 실제로 이들과 같은 연배이고 거의 같은 학력과 경력을 가지면서, 삼성전자에서 가장 오랜 기간 임원 생활을 하고 가장 많은 연봉을 챙겨간 사람은 권오현 전 삼성전자 회장이다. 그는 2020년에도 삼성전자 고문으로 우리나라 최고의 연봉을 수령했다.

『좋은 기업을 넘어 위대한 기업으로』를 쓴 짐 콜린스는 평범했다가 갑자기 위대해진 기업들을 연구했다. 그 이전에는 평범하거나 저조한 성장률을 보이다가 최근 15년 동안 시장 성장률의 4배 이상을 이룬 회사들의 특징을 연구했다. 모든 요소들을 오픈하고 방대한 양의 자료를 면밀히 들여다봤다.

연구 도중 리더십의 특이성이 나오자 연구원들은 "리더십이 나오는 것은 너무 뻔하지 않아?"라고 하면서 무언가 독특한 특징을 찾아내기 위해 애썼지만, 가장 주요한 요소는 결국 리더십이었다. 그러나 대상이 된 리더십의 특성은 우리가 생각하는 것과 달랐다. 급성장한 회사의 리더들은 자신을 드러내는 자신만만한 리더가 아니라 자신을 드러내는 것을 극도로 싫어하는 부끄러움을 많이 타는(Shy) 리더들이었다.

이 책이 나올 당시에는 대상이 안 되었지만, 삼성전자가 이 조건에 완벽하게 부합하고 회사의 대표인 이건희 회장이 그런 특성을 가지고 있다. 연구의 대상이 되었던 한 CEO는 관련 인터뷰를 하고 다음 날 인터뷰를 한 부담에 심장마비로 사망을 하기도 했다. 코로나 19의 영향도 있지만, 삼성가는 너무나 대단한 경영인인 이건희 회장의 장례식을 회사장도 아닌 가족장으로 치렀다. 장남인 이재용 부회장은 중고 국산차를 손수 몰고 장례식장에 도착했다. 이처럼 다 가진 듯한 이들은 자신을 일부러 드러내지 않는다. 드러날 위치에 있으면 최대한 몸을 웅크린다.

기업의 몰락기의 특징 중 하나가 랜드마크를 짓는 것이다. 단순 사옥이 아니라 자신들의 위용을 드러내는 랜드마크를 지으면 그 이후 회사가 경영난에 빠진다는 징크스가 있다. 우리나라에도 그런 사례들이 있다.

드러내고자 하는 이유는 "우리 '아직' 잘나간다"라는 것을 드러내기 위함이다. 실제로 실속 있는 성장을 하는 도중에는 이렇게 드러내고 싶은 욕구가 잘 안 생긴다. 이 랜드마크를 짓는 동안 많은 돈과 자원이 개발과 혁신보다는 건물 짓는 데 쏠리고, 사람들 마음에는 잘되고 있다는 헛바람이 들어 혁신이나 변화에 대한 경각심이 줄어든다. 그리고 '잘나가는구나' 하는 생각에 주변에 딴지를 걸거나, 무언가를 요구하는 세력들이 급격히 증가한다.

자신을 드러내서 사랑받고 싶은 마음, 잘 안다. 그러나 이런 자기 과시는 결국 몰락을 초래한다. 그러니 오래 살아남고자 한다면 드러남을 부러워도 말고, 따라 하지도 말아야 한다.

옳고 그른 것이 문제가 아니다, 좋고 싫은 것이 문제다

코칭을 오래 하면 할수록 리더십에서 가장 중요한 것은 '리더의 말이 옳고 그르냐'가 아니라는 것을 실감하게 된다. 세상은 이미 부족함 없이 발달했다. 모든 것이 넘쳐난다. 이 와중에 우리는 이제 니즈(needs)가 아닌 원츠(wants)에 의한 소비를 하고, 같은 기능을 가진 것 중에 마음에 드는 것을 고른다. 그리고 옳고 그름마저 호불호에 맞춰 재해석이 된다. 나는 아이폰이 좋아, 나는 갤럭시가 좋아, 무엇이 옳은 것은 없다. 개인의 선호만 있을 뿐이다.

우리 제품이 경쟁 상품보다 품질 면에서 우위임을

자랑하는 것은 별 의미가 없다. 비싸고 불편한 A/S 때문에 초기 아이폰 유저들은 깨진 액정의 핸드폰을 아슬아슬하게 들고 다니는 것이 그들의 자부심이었고, 배터리 일체형으로 어디만 가면 충전기를 꽂은 벽에 붙어 있는 것이 자랑이었다. 갤럭시는 아이폰의 이 모든 불편을 타파했다. 하지만 아이폰 유저들은 갤럭시로 환승하지 않는다. 자신이 좋으면 그만이다. 사람들은 우선 '좋아하느냐, 안 좋아하느냐'를 정해놓고 그 프레임에서 이유를 찾는다. 그래서 부족함이 오히려 매력처럼 느껴진다.

인류는 지금처럼 잘살아본 적이 없다. 모든 것이 새로운 이 판국에 옳고 그른 것은 알 수가 없다. 결국 어떤 선택이 내려지고 실행이 된다. 나머지 선택은 기회조차 얻지 못하기 때문에 무엇이 옳았는지는 알 수가 없다. 시대가 시시때때로 바뀌기 때문에 새로운 상황에서는 조건이 달라진다. 리더나 조직의 지시도 마찬가지고, 국가의 정책도 마찬가지다. 어떤 시대에서는 절대적이던 성장과 개발의 논리가 어떤 시대에서는 적폐가 된다.

도덕적 판단까지도 이 호불호에 영향을 받는다. 심

지어 우리나라는 더욱 심하다. 도덕적 판단을 하는 데 있어서 관계를 얼마나 중요한 변수로 여기는가에 대한 연구에서 전 세계에서 1위를 하는 나라가 바로 우리나라다.

우리나라는 같은 잘못도 내가 모르는 사람이 하면 맹비난을 하지만, 아는 사람이 하면 "그럴 수도 있지"라고 판단한다. 즉 내가 좋아하는 사람이 하는 말은 팥으로 메주를 쒔다 해도 믿는다. 심지어는 내가 좋아하는 사람을 위해서라면 불법도 마다히지 않는다. 이 관계 중심의 나라에서는 옳고 그름의 판단을 앞서는 것이 '내가 좋아하느냐, 그렇지 않느냐'다.

만약 내가 누군가를 움직이고 싶다면, 옳은 논리를 철저하게 빈틈없이 짜는 것이 중요한 것이 아니다. 사람들은 자신이 좋아하는 사람을 위해서라면 희생을 마다하지 않는다. 그러면 그 사람이 내 말을 듣는다. 설령 내 말이 그럴 만하지 않았더라도 사람들은 후회하지 않는다.

노인들을 대상으로 사기를 치는 무리들이 있다. 음식을 대접하고 노래를 부르고 "어머니" "아버지"라고 부르며 절을 하고 그들을 업고 춤을 춘다. 수천만 원의 사기를 당한 피해자가 말한다. "사기를 당했어도 괜찮다. 누가 나에게 그렇게 살갑게 굴고, 누가 거짓으로라도 나를 그렇게 좋아해주겠는가? 자식도 그렇게는 안 한다."

내가 좋아서 가져다준 돈이라면 후회가 없다. 희대의 탈옥범인 신창원도 도주중 동거한 여자들이 철저하게 비밀을 지켜줬다.

'영향력'이란 차가운 판결문이 아니다. 영향력은 나를 좋아하게 만드는 따뜻한 마음이다. 내가 좋아서 내가 하는 말을 귀 기울여 듣고, 설령 맞지 않는 부분이 있어도 그냥 넘어가거나 본인의 신념을 바꾸어서라도 새겨듣는다. 어른들의 논리로 가르치려 하지 않고, 그저 자신을 사랑하라고 말하는 방탄소년단의 메시지에 전 세계의 젊은이들이 열광을 하고, 그들의 목소리를 더 크게 하기 위해 그들을 빌보드 맨 윗자리에 올려놓는다.

사이비 종교도 어디에나 '뜨거운 사랑'이 핵심이다. 그러나 뜨거운 사랑으로 눈멀게 할 필요는 없다. 우리 일반인은 그저 나를 좋아하게 하면 된다.

라이커빌리티는
인식이다

리더십은 영향력이다. 리더가 객관적으로 어떤 특성을 가지고 어떤 행동을 하느냐는 별로 중요하지 않다. 말과 행동이 다른 사람에게 어떤 영향력을 끼치느냐다. 이 영향력이라는 것은 변화를 불러일으킬 수 있는 잠재력이다. 사람들에게 변화를 일으킨다는 것은 사람들이 리더의 영향을 받아서 변화할 마음이 있을 때, 그리고 변화할 때를 말한다.

어떤 직원들은 자신을 평가하는 상사에 대해서 그들이 공정한 평가를 해야 한다고 주장한다. 자신이 옳은 행동을 하고 열심히 하면 알아줘야 하는 것 아니냐고 말이다. 다른 직원들보다 더 열심히 하는데, 상사는 자신보다 덜 열심히 하는 다른 직원들의 공을 높이 사고 승진을 시키려 하는 것이 문제가 아니냐고 말이다. 임원들도 마찬가지다.

그러면 나는 말한다. 그럼 소비자들이 싸고 더 품질 좋은 제품이 아니라 브랜드 이미지를 보고 대기업의 물건을 사는 것은 불공정한 것이 아니냐고 말이다. 블라인드 테스트를 하면 사람들이 코카콜라보다 펩시콜라를 선택한 실험 결과를 들이대고, 스타벅스보다 더 좋은 원두를 사용하면서 가격이 싸다고 각종 서류를 들이대며 아무리 대대적으로 선전해봤자 변하는 건 아무것도 없다. 코카콜라나 스타벅스가 쌓은 것은 이미지밖에 없지, 실질적으로는 우리가 더 우수하다고 아무리 이야기해도 판도는 바뀌지 않는다. 버거킹 햄버거가 맥도날드보다 맛있는 건 보통 다 인정하지만, 어릴 때부터 해피밀 장난감을 받으러 맥도날드를 먹던 사람들은 햄버거 하면 맥도날드를 먹게 된다. "버거킹이 맛있지만, 나는 햄버거 먹으러 맥도날드 갈 거야"가 된다.

결국 이미지고 인식이다. 선택의 근거는 절대적인 기준에 의한 좋고 나쁨이나 옳고 그름이 아니다. 사람들의 인식이 영향력이며 브랜드다. 그 인식을 만드는 것은 사실 말도 못하게 많은 요소가 있다. 스타벅스가 커피 향을 위해서 종업원들에게 향수를 쓰지 못하게 하는 것도, '타다'를 타면 모두 같은 향의 방향제를 쓰고 클래식 음악을 트는 것도, 다 이 작은 것들을 조정해 온전한 긍정적인 인식을 만들기 위한 것이다.

사실 사람들은 구체적인 사실에 별 관심이 없다. 그

리고 금방 잊는다. 그들에게 남는 것은 어떤 대상이나 사람에 대한 감정이다. 그 감정은 아주 사소한 부분에 의해 결정이 되기도 하고, 긍정적 혹은 부정적인 작은 느낌들이 쌓여서 굳어지기도 한다. 스펙이라고 하는 어떤 기계장치의 구체적인 정보가 아니라 스티브 잡스 때문에 아이폰을 구매한다. 같은 대학 출신이라는 이유로 특정 운동선수의 팬이 되기도 한다. 10대들은 어른들이 카카오톡을 쓰기 때문에 다른 메신저를 쓴다. 일단 이미지가 굳어지면 쉽게 바뀌기가 어렵다.

사람들이 누군가를 무언가를 좋아하는 것은 더 우수하기 때문이 아니다. 우리는 회사에서 일을 잘하고 성과가 좋아도 임원이 되지 못하거나, 임원이 연임을 못하는 일을 무수히 본다. 반대로 큰 성과를 낸 적이 없는데도 계속 승진을 하고 오랫동안 조직에 남는 경우도 많이 본다. 누가 어떤 측면에서 그런 것들을 보고 결정하는지 알 수 없다. 여기서 자신의 우수성을 주장하며 거품 물어봐야 소용없다. 라이커빌리티가 없는 것뿐이다. 반면에 사람들은 누군가를 좋아하게 되면, 그 사람과의 관계를 유지하고 지지해야 하는 이유들을 만들어낸다.

사람들은 자신이 이런 감정과 직관에만 의존하는 사람이 아니길 바란다. 그래서 그것을 합리화하기 위한 요소들을 찾아내거나 심지어는 만들어내기도 한다. 바람이 너무 강하면 실제로 여러 가지 인지왜곡도 일어나고, 확증적 편향도 갖게 된다.

'오즈의 마법사'는 사실 열기구를 타고 잘못해 오즈에 떨어진 도로시 같은 평범한 인간에 불과했지만, 사람들은 그가 모든 것을 해결해주는 마법사라고 믿고 그를 추앙했다. 메시아를 기다리는 사람들은 메시아를 자신들이 만들어서 메시아라고 믿곤 한다. 영향력을 행사하고 싶다면 내가 어떤 사람으로 인식되는가에 지속적으로 관심을 두어야 한다.

사람이 제일 좋아하는 것은
사람이다

나는 지식 부문의 대가들에게 배우거나, 그들과 함께 일을 하는 경험이 제법 많다. 석사과정 지도교수님은 미국 커리어 카운슬링 협회장을 서너 차례나 역임

한 대가시고, 박사과정 논문 지도교수님들 역시 이 분야 사람들에게 이름만 대면 "아!" 하는 대가들이시다. 세계에서 가장 영향력 있는 경영사상가 2위까지 올랐던 블루오션 전략의 김위찬 교수님 사단과도 프로젝트를 진행하고 확장판을 번역했다.

스승이신 맨프레드(Manfred kets de vries) 교수님은 두 말할 필요 없는 세계 최고의 리더십 분야 전문가다. 지적으로 세계 최고봉에 서 계신 분들이다. 수업시간에 한 학파를 세운 분도 뵈었고, 성인 학습 분야에서 가장 인용이 많이 되는 교수님의 수업도 들었다. 학회에서 교과서에서나 이름을 보던 학자들을 만나기도 했다. 말 한마디 잘못하면 그들의 날카로운 지성에 살이 베일 것만 같은 분들로 느껴졌다. 그런데 그분들에게는 공통점이 있었다. 그분들은 한결같이 매우 따듯하고, 친절한 사람들이었다.

나조차도 혼란스러웠다. 그런데 보아하니 그랬다. 사람이 좋으니까 사람들이 주변에 모인다. 사람들이 모이고, 그 사람을 좋아하니까 그 사람의 말을 전파한다. 자기의 논문에 많이 인용한다. 예전에 어떤 정부 고위직에 계신 분이 국회의원 선거할 때, 사람들은 자기가 한 번이라도 본 사람을 뽑는단다. 그래서 그렇게 길에서 유세를 하고, 시장을 돌아다니며 악수를 하는 것이라고. 그 석학들도 그래 보였다.

그들의 아이디어는 대단하다. 하지만 그 아이디어의 힘만으로 정말 최고의 자리에 오를 수 있었을까? 사람이 좋으니까 아이디어를 전파하고 그들을 알리는 일을 기꺼이 한다. 글 쓰는 일을 하다 보니 그렇다. 출판 에디터 사이에서 평이 좋은 사람과 그렇지 않은 사람에 대한 이야기들을 종종 듣는다. 순간 스타로 떠오를 수는 있지만, 길게 자신의 일을 하는 것은 별개의 문제였다.

말레이시아 정부를 컨설팅하는 김위찬 교수님이 컨설팅하시는 국무회의에 참석한 적이 있다. 수상과 장차관급들의 회의다. 이곳에서 김위찬 교수님은 사람들의 발언에 끊임없는 칭찬과 격려를 마지않으신다. 개인적인 통화에서도 그분의 열정과 나에 대한 마음이 느껴지도록 말씀을 하신다.

맨프레드 교수님은 그 어떤 반복된 질문에도 늘 처음 듣는 질문처럼 대답하신다. 엄청난 영향력을 가진 분이다 보니, 어딜 가서든 분위기를 집어삼키신다. 예전 영국에서 진행한 조직문화 관련 워크숍에 내가 참가한다고 하니 파리에서 런던까지 오셨다. 워크숍에서 뒤에 앉아 계시다가 어떤 생각이 나셨는지 이야기를 시작하셨다. 워크숍 진행자가 "맨프레드 교수님, 이러지 않기로 하셨잖아요" 하자, 미안하다고 하시곤 말을 멈추신다.

역량이론과 감성지능 연구로 유명한 리처드 보이애치스(Richard Boyatzis) 교수님을 학회에서 두 번째 만나서 6년 전 학회에서 뵙고 인사드렸었다고 하니까, "먼저 알아보지 못해서 너무 미안하다"고 다짜고짜 사과를 하셨다. 이런 사람들을 어찌 좋아하지 않을 수 있겠는가.

"인공지능(AI)이 코칭을 대신할 수 있을까요?" 수없이 듣는 질문이다. 질문만 쏟아내는 코칭은 지금 당장이라도 가능하다. 하지만 사람들이 변화를 하는 것은 누군가의 사랑과 지지가 있을 때고, 그 사람이 어떤 배경을 가진 사람인가가 중요하다. 아무런 실패와 상처 없는 사람이 내가 큰 도전을 하는 데 응원을 한다면 그것이 진심으로 와닿지 않을 것이다. 실패와 상처에 옹이진 마음으로 걱정과 함께 나를 응원하고, 그 사람이 돌아서서도 그 응원이 퇴색하지 않을까 전전긍긍하는 사람이라면 그 격려나 응원이 나에게 큰 용기를 내게 할 것이다.

우리는 사람에게 받는 관심과 배려가 중요한 존재다. 다른 사람에게 관심과 사랑을 받을 수 없고 나조차도 그런 것을 줄 필요가 없을 때, 인간은 과연 존재의 의미를 찾을 수 있을까? 사람이 제일 좋아하는 것은 사람이다.

왜 1등 대학 졸업생만이
대통령되는 일이 안 일어나는가?

우리는 완벽을 꿈꾼다. 명문가에 태어나서 잘생기고 똑똑하고, 좋은 직업을 갖고, 그만큼 멋진 이성과 결혼해 예쁘고 똑똑한 자녀를 성공시키는 삶 말이다.

하지만 이런 완벽은 존재하지 않는다. 아니, 존재하도록 하지 않는다. 인간에게는 질투라는 것이 있기 때문이다. 내가 기회를 갖더라도, 그것을 더 큰 힘으로 방해하는 힘들이 있다. 그 힘은 치졸해 보이지만, 결코 무시할 수 없다. 힘의 크기는 오히려 더 크다.

케네디 대통령은 정치 명문가의 자제이자 하버드대학교 출신으로 엘리트 중의 엘리트다. 선거로 뽑힌 최연소 대통령으로 43세에 대통령직을 맡게 된다. 외모마저 화려하고 당대 최고 미녀라고 하는 마릴린 먼로와 염문을 뿌리지만, 정작 그의 부인도 모든 것을 다 갖춘 대단한 재원에 미녀였다. 그는 모든 것을 다 가진 듯했다. 재선도 문제없어 보였다. 그러나 그는 재선을 앞두고 암살당했다.

그들이 내세우는 완벽은 겉으로는 그들을 지켜주는 철옹성처럼 느껴지겠지만, 사실은 그것이 그들에게 가장 큰 위험요소다. 그 완벽은 완벽하지 않은 사람들에게 그들의 부족함을 계속 직면하게 한다. 그들의 잘나게 태어나지 못한 불운을, 그들이 나아질 수 있는 노력을 하지 않는 나태를, 그들이 아무리 노력해도 이룰 수 없는 한계를 보게 한다.

성숙한 사람들이라면 그런 사람들에 대해서도 평정심을 유지하며 자신의 삶을 살아간다. 그러나 세상은 그렇게 성숙한 사람들이 다수가 아니다. 그 어떤 면이 누군가의 어떤 것을 자극했는지는 정확하게 알 수 없다. 본인도 모른다. 하지만 부정적인 일에는 언제나 조력자가 나타난다. 그의 완벽을 믿고 싶지 않은 사람들에게 그가 사실은 치명적 문제가 있는 사람이거나, 그 완벽이 조작된 것이라고 말해준다. 그러면 사람들은 판단하지 않고 그 조력자의 말을 듣고 완벽함을 부정한다.

완벽해 보이는 면이 처음부터 드러나면 드러날수록 그 인기는 갑자기 뚝 떨어지는 포물선을 그린다. 하지만 살면서 서서히 사랑받을 수 있는 요소들을 늘려나갈 때 인기는 오래간다. 여러 가지 사안에서 올바른 판

◆ **갈릴레오 갈릴레이의 포물선**

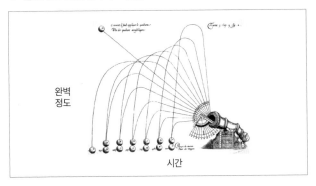

완벽
정도

시간

자신의 매력이나 완벽을 드러내는 정도나 시간에 따라서 매력도의 상승과 하락이 포물선을 그린다. 처음에 너무 강한 완벽 정도를 내세우게 되면 호감이 급격히 상승하지만, 그것이 정점에 다다를 때 라이커빌리티는 급격히 떨어진다. 완벽한 정도를 조금씩 드러내게 되면 호감은 급격한 상승하거나 하락하지는 않지만 오래가는 면이 있다.

단과 좋은 행동으로 호감을 하나씩 쌓아가는 것이 라이커빌리티를 높이는 것이다.

처음부터 흑인 혼혈이라는 한계를 가진 오바마 대통령도 그렇고, 2번의 이혼, 실패한 사업가로서 연예인 이미지를 가진 트럼프 대통령은 자신들이 가진, 사회적 편견을 불러일으키는 한계를 드러내놓고 시작한 케이스들이다. 미국의 대중은 고령에, 자식을 먼저 앞세우고, 이런저런 설화로 홍역을 치른 바이든도 마다하지 않는다.

우리나라도 마찬가지다. 서울대 법대, 대법관 출신의 정치인을 고졸의 가난한 변호사가 선거로 이겼다. 그의 패인은 아들의 군 문제를 챙기지 못한 완벽이 부족해서가 아니다. 머리로는 엘리트를 지지하지만, 자신의 부족함을 직면시키는 사람을 매일 보고 싶지 않은 인간의 마음을 어떤 사건이 핑계를 대어줬을 뿐이다.

작은 선거에는 완벽함이 통한다. 하지만 큰 선거에서는 자신의 아픈 부족함을 드러내어야 한다. 상대방을 깎아내리는 대신, 자신을 깎아내려야 한다. 최소한 너무 잘났음을 전면에 내세우지 말아야 한다. 한때 대선에서 '가난' 자랑을 하던 것들이 다 이 맥락이다.

사람들은 현실이 아닌 희망을 보고 싶어한다. 아픔 없는 사람이 어디 있으랴. 그 아픔으로 연결지어, 그들이 잘되는 모습을 보고 싶게 해줘야 한다. 아픔 없는 삶이라면 라이커빌리티는 떨어진다. 세상은 이런 면에서 공평하다. 하지만 다 가진 이들에게도 방법은 있다.

사람들은 어떤 사람을 좋아하는가?

라이커빌리티를 높일 수 있는가? 당연하다. 이것은 노력의 산물이다. 노력을 한다는 것 자체가 라이커빌리티를 높이고, 노력을 해야만 하는 위치에 있다는 것이 라이커빌리티를 높인다.

한국에서 코칭을 시작하던 시기에 한 회사 사장님이 코칭을 받고 싶다고 해서 그 회사의 자문 교수를 맡고 계신 분이 3명의 코치를 소개했다. 한 명은 우리나라 상담심리계의 대가인 심리학과 교수였고, 그중 한 명인 나는 당시 컬럼비아대학교에서 박사와 인시아드 연구원를 막 마치고 온 40대 초반의 경영학부 교수였다. 나머지 한 명은 기업 경력이 전무하고, 40대 후반에 상담심리학 석사공부를 하고 청소년 상담을 하고 있는 50대 여성이었다.

나는 당연히 심리학과 교수님이 선택되실 것이라고 생각했다. 하지만 결과는 그렇지 않았다. 기업 경력이 전혀 없는 50대 여성이 코치로 선택되었다. 이는 나에게 엄청난 충격이었다.

결론은, 한 회사의 대표를 맡고 계시는 분은 누군가의 평가를 받고 싶지 않으셨던 것 같다. 그쪽에서 '편하게 자신의 이야기를 털어놓을 사람'이 필요하다고 하셨다. 우리는 그가 '전문성을 가지고 올바른 길로 인도해줄 수 있는 훈련과 지식, 그리고 방법론'까지 가진 사람이 두려웠을 수도 있겠다는 생각이 들었다. 최신 지식으로 무장한 내가 누군가에게는 위협이었을 수 있고, 젊은 패기가 누군가에게는 너무 날카로울 것이란 생각이 들었다.

심리학과 교수님의 권위와 높은 전문성도 마찬가지다. 인사·교육 담당자가 하는 선택에는 의심의 여지가 별로 없지만, 당사자에게는 코치로서 선택받지 못하는 일들이 그 이후로도 종종 일어난다.

사람들은 약간 만만한 사람을 좋아한다. 최소한 내가 부족한 인간이라는 것이 읽히는 것을 원하지 않는다. 인시아드 코칭 프로그램에 정신과 의사가 참가했다. 그녀와 함께 참가한 리더들은 그녀에게 즉각적으로 반감을 드러냈다. "당신이 내 마음을 읽고 판단하고 있다고 생각하니 너무 불편해서 참가하기가 무섭다"라며 그녀에게 빠져줄 것을 대놓고 요구했다. 1억원 가까운 돈을 내고 온 참가자들이 그 불편함을 참는 것이란 정말 힘든 일이었을 것이다.

사람들은 나를 위협하지 않을 것이라는 확신이 드는 사람을 좋아한다. 이것은 안전에 관한 것이다. 너무 특출난 임원은 끝까지 가기가 어렵다. 동료들이 견제하는 것은 물론이고, 상사도 그런 사람이 부담된다. 적당히 쓰다가 존재가 너무 드러나는가 싶으면 본인이 키우다가 본인이 제거하기도 한다. '발탁될 수 있음'이 강점이었다가 가장 큰 위협요소가 된다. 사방에서 그 사람의 잘남을 시기하고 질투하다가 그 사람이 무언가 잘못을 했을 때 사람들은 모두 일어나서 그 사람을 배척한다.

진실이 아닌 경우도 있다. 그러나 그 진실을 밝히려

는 노력은 의미 없다. 이미 그들은 속으로 싫어하다가 이제 대놓고 싫어하기 시작한 것뿐이다. 울고 싶은 놈 뺨 때린 격이다.

스탠퍼드대학교 출신의 천재 래퍼인 타블로는 꽤 사람들에게 사랑받았다. 그러나 그가 영화배우와 행복한 모습을 보이며 결혼을 한다고 하자, 그의 학력이 위조되었다며 그것을 밝히라는 무리의 사람들이 생겨났다. 그들은 모든 공식적 서류와 학교의 입장이 모두 위조된 것이라고 타블로를 공격했다. 그 모임의 회장인 그 역시 유학파로 "남들은 뼈빠지게 하는 공부, 슬렁슬렁 힙합이나 하면서 하고, 그걸로 인기를 얻는 게 말이 되느냐"고 말했다. 그 주장은 진실을 근거로 하고 있지 않다.

미국에서 공부했으니 석사학위에는 논문이 필수가 아님을 알거나 조금만 알아보면 알 것이다. 그러나 그는 있을 수도 없는 석사논문을 내놓으라고 생떼를 부렸다. 자신보다 성공한 듯 보이는 이를 가만히 둘 수가 없었을 것이다.

러버빌리티를 라이커빌리티로
바꾼 사람들의 특징

타고났든지 아니면 각고의 노력을 통해서 성취를 했든지, 특출남이 이미 드러난 사람들은 어떻게 라이커빌리티를 높일 수 있을까? 러버빌리티가 높은 청춘스타들 중에서 계속적으로 사랑을 받으며 롱런하는 경우도 있고, 대중에게 시달리다가 결국 목숨을 끊는 안타까운 경우들도 많다. 조직에서도 사업 실패 등이 있어도 어떤 임원은 다시 한 번 기회를 주고, 어떤 임원은 가차 없이 내보낸다. 그러므로 어느 시점이 되면 러버빌리티를 버리고 라이커빌리티로 갈아타야 한다.

러버빌리티를 라이커빌리티로 바꾼 사람들의 특징은 그들의 성장과정에 실패와 아픔이 드러나는 경우다. 최고의 CF 모델인 전지현 씨의 경우, 수많은 영화에서 실패를 맛봤다. 〈엽기적인 그녀〉〈별에서 온 그대〉에서 보여준 모습만이 사랑을 받았다. 완벽한 얼굴과 몸매의 소유자지만 우스꽝스럽고, 엽기적이거나 다소 천박한 역을 했을 때만 사람들은 그를 받아들인다. 최고의 인기를 누린 이효리 씨도 평범한 뮤지션과 결혼해 시골 생활을 하는 '소길댁'의 수수한 모습을 보여주면서 라이커빌리티를 쌓았다.

최고의 인기를 누리고, 톱스타와 결혼을 하고, 계속 화려한 인생을 사는 것처럼 보였던 최진실 씨와는 다른 삶이다. 원빈 씨나 리어나도 디캐프리오는 작품에서 미모를 포기했다. 주연급으로 최고 명성을 누리던 안성기 씨는 정상에서 본인이 조연을 자청했다.

비참할 정도로 노력하는 모습이 드러난 경우도 그렇다. 적당히 노력하는 것이 아니라, 정말 몸의 어디 한 부분이 닳아 없어질 것 같은 노력이다. 천재로 타고나 쉽게 성취한 것이 아니라 노력의 결과로 무언가를 얻은 것이 보일 때다.

강수진 발레리나와 축구선수 박지성 씨의 발. 김연아 씨의 무대를 어찌 질투하겠는가? 〈무한도전〉 〈1박 2일〉이 사랑받을 수 있었던 이유도 그렇다. 적당히 해서 웃음을 주는 것이 아니라, 한겨울에 찬물에 들어가고 운동선수 수준의 노력으로 대회에 참가하는 극한을 견뎌내는 모습을 보여줘야 그들이 가져가는 인기와 금전적 보상을 질투하지 않는다. 비인간적이기까지 한 자기 관리와 노력이 보여지면 된다. 보는 사람에게

"누리고 있는 것이 부럽긴 하지만, 그렇다고 저렇게까지 힘들게 살고 싶지는 않아"라는 마음이 들면 된다.

누리는 모든 것이 내 노력의 결과라 하더라도 좋아해주는 데는 값을 치러야 한다. 라이커블해지고 싶다면 대상을 가리지 않고, 과도하게 베풀어야 한다. 유재석 씨가 정상을 이렇게 오랫동안 유지하는 비결이다. 그는 무명 시절의 이야기나 자신의 신체적 한계를 가감 없이 개그의 소재로 삼는다. 굉장히 겸손한 태도도 그렇다. 그는 무명의 후배들에게 금전적 지원을 아끼지 않고 기회를 주기 위해 끊임없이 노력한다.

빌 게이츠, 워런 버핏, 마크 저커버그도 끊임없이 큰 돈을 기부한다. 미국은 큰 나라이기도 하고, 사람들이 좋아하는 나라이기도 하다. 미국은 아직도 인구의 10%가 굶는다. 그러나 그들은 끊임없이 전 세계 어려운 곳에 원조를 하고, 각 분쟁 지역에 젊은 목숨을 보낸다. 우리나라 역시 미국에 실질적·정신적 빚을 진 나라다.

불법 도박으로 잠시 퇴출되었던 이수근 씨는 평소 다수의 사람들에게 베푸는 스타일인 듯하다. 놀이터에서 배드민턴을 치는 젊은이들에게 뭐하는 사람들이냐고 묻고 연예인 지망생이라고 하니 택시 타고 가라고

3만 원을 줬다. 그들은 후에 유명 아이돌 가수가 되어 방송에서 이 미담을 전한다. 다른 사례들도 심심치 않게 들린다. 그가 제2의 전성기를 누릴 수 있는 기회를 얻은 이유다. 다른 사람에게 커피 한잔 사지 않고, 껌도 얻어 씹어서 절약한 돈으로 타워팰리스를 장만했던 개그맨 김모 씨와는 다르다.

동물도 환심을 사기 위해서는 상대에게 먹을 것을 준다. 돈이 부족하면 정성으로, 좋은 말로라도 베풀어야 한다. 사람들이 진짜 좋아하는 사람들은 모두 남들에게는 관대하고 자신은 낮출 줄 아는 사람들이다.

약점이
보석이 된다

사람들은 완벽을 좋아하는 것 같지만 그렇지 않다. 반면 내가 완벽했으면 좋겠다는 환상을 가진다. 우리 사회는 가혹하리만치 완벽한 인간을 요구한다. 대학 시절, 어머니는 나에게 집안 살림을 익힐 것을 주문하셨다. 요리도 배우고, 청소와 집안 정리도 완벽하게 할 줄 아는 사람이 되라고 말이다.

유명인들은 끊임없이 다른 사람과 비교된다. 완벽해 보이는 외모의 연예인들도 자신들의 외모적 단점이나 인간적 허술함을 먼저 노출하는 경우가 많다. 남에게 듣느니 내가 먼저 말한다는 마음이다. 오죽하면 그랬을까? 이런 비교와 단점 들추기는 그 누구에게도 고통이 된다. 그러나 라이커빌리티를 높이는 데는 중요한 자산이 된다. 자신의 약점, 심지어는 과오와 상처를 드러내고 몸을 한없이 낮출수록 이 라이커빌리티는 높아진다.

독일은 전범국이다. 일각에서는 유태인이 피해를 부풀렸다는 이야기가 나온다. 그럴 때 독일은 그에 동조하지 않는다. 아무리 말이 안 되는 숫자가 나와도 고개를 숙인다. 시내에 가장 사람들이 많이 다니는 곳에 자신들이 한 잘못을 보여주는 전시관을 짓고, 자국민들에게 어린 시절부터 자신들이 저지른 만행을 가르친다. 사람들은 그럴 때마다 독일의 만행을 떠올리며 그들을 싫어하는 것이 아니라 오히려 독일을 점점 더 좋아한다.

이런 행위는 증오나 분노 자체를 무력화한다. 유태인 입장에서는 미치고 팔짝 뛸 노릇일지도 모르겠다.

그러나 어쩌겠는가? 사람들은 완벽해서 좋아하는 것이 아니다. 중국은 코로나19 미국발이라 하고, 그들이 피해자라고 한다. 하지만 그 어떤 나라도 그 이야기에 관심조차 두지 않고 변호해주지 않는다는 사실에 중국 사람들이 충격을 받았다. 사람들은 잘못과 부족함이 없는 것보다 그것을 인정하는 모습을 좋아한다. 그것이 더 어렵기 때문이다.

코로나19 시국에 온 국민이 집 밖에도 마음 놓고 돌아다니지 못하는 판국에 해외여행 관련 정책을 내는 장관의 남편이 미국에 요트를 사러 간다고, 그것도 세상에 자랑을 하고 떠났다. 해당 장관은 국민들에게 사과하고 남편이 "제 말을 듣는 사람이 아니다"라고 본인의 한계를 인정하자 모든 사태가 일단락되었다. 어찌 보면 국가 기강과 관련되는 큰일이다. 하지만 오히려 동정론까지 일었다. 잘못을 인정하고 진솔하게 용서를 구하면 된다. 심지어는 전체적인 이미지도 개선이 된다.

과거에 반짝스타였다가 굴곡진 삶을 살며 식당 웨이터를 하고 지내던 양준일 씨는 한 TV 프로그램에 출연하면서 과거의 인기를 뛰어넘는 큰 인기를 누리게 되었다. 사람들은 자신의 찬란하지 못한 인생에도 희망이 있을 수 있음을 증명해주는 그에게 열광했다.

사람들은 누구나 아픈 구석, 약점이 있다. 다 가진 것처럼 보이는 사람도 그렇다. 그러나 보통 사람들은 그것을 가리고 싶어한다. 하지만 그것을 꺼내놓을 때 사실은 더 많은 위로와 사랑을 받는다. 다른 사람들도 다 비슷하기 때문이다. 그리고 자신의 취약한 모습을 드러내는 것은 다른 사람들에게 도움을 구할 수 있다는 의미가 된다.

내 부족한 면이 보일 때 사람들은 나에게 와서 도움을 구한다. 내가 그에게 안전한 사람이라는 뜻이다. 자신의 부족한 점을 드러내도 부끄럽거나 평가나 비난을 두려워하지 않아도 된다는 뜻이다.

사람들은 자기를 좋아하는 사람을 좋아한다

대학에서 학생들은 교수들의 강의평가를 한다. 강의평가에 정적인 영향을 끼치는 요소는 무엇인가? 잘 가르치는 교수? 지식이 많은 교수? 혹은 나와 친한 교수?

이런 모든 요소들을 놓고 봤을 때 이 강의평가에 유일하게 정적인 영향을 끼치는 요소는 예상 학점이다. 즉 학생들은 자신이 좋은 학점을 받을 것이라고 예상하면 교수의 강의를 높이 평가한다. 개인이 열심히 하고, 덜 열심히 해서 나올 수도 있는 학점이지만 그렇다. 개인적 친밀감보다 더 중요한 것이 나에 대해서 어떻게 평가하느냐다. 내가 한 노력은 대상이 되지 않는다.

사람들은 자신이 한 행동과 상관없이 상대방이 나를 어떻게 평가할 것인가 하는 예측치로 상대방을 평가한다. 내가 좋지 않은 행동을 해서 상대방이 나를 안 좋게 평가하는 것이 어쩌면 정당하다. 하지만 정당한 것과 내가 상대를 평가하는 것은 다른 문제다. 내가 어떤 행동을 하든 상대방이 나를 좋게 평가할 것이라면 상대를 좋게 평가한다. 내가 열심히 했든 안 했든 그것은 고려의 대상이 아니다. 사람은 자신이 무슨 행동을 하든 자기를 좋아하는 사람을 좋아한다. 공정을 넘어서 나에게 관대한 사람을 좋아한다.

나는 매 학기 한 과목 이상은 강의평가 점수가 만점이다. 나는 내가 줄 수 있는 학점에서 가장 좋은 학점을 준다. 그리고 그것을 학기 내내 강조한다. 나의 수업의 질도 큰 영향을 끼치겠지만, 내가 학점을 잘 주기 때문에 학생들은 내 수업을 높이 평가한다고 할 수 있다. 물론 사람들은 긍정적 결과가 예상되는 일에 더 열중한다.

학생들은 내 과목이 다른 과목에 비해 2~3배 이상의 공부가 필요한 과목이라고 한다. 다른 과목에 비해 학점이 낮게 나오더라도 그것은 자신이 열심히 안 한 것이 아니라, 내가 낮게 평가한 것이 아니라, 다른 학생들이 열심히 한 까닭이기 때문에 불만이 없다고 말한다. 나는 감점이 없다. 숙제를 늦게 내더라도 내기만 하면 그에 합당한 평가를 한다. 시험을 못 봤다고 생각하는 학생들은 점수를 만회할 수 있는 과제도 내줘 선택적으로 할 수 있게 한다.

나는 학교에서 규정한 것을 제외한 부분에서 최대한 관대하다. 그러다 보니 인기작전이라고 나쁘게 말하는 선배, 동료 교수들도 많다. 하지만 학생들이 그런 교수의 과목을 더 열심히 공부하는 것이 사실이다. 열심히 해서 좋은 학점을 기대하고 그 수업을 높이 평가한다. 낮은 평가를 받을 것을 알고도 열심히 하는 사람은 흔치 않다. 의식적으로 비슷하게 노력해도, 내가 더 좋은 결과를 받을 과목에 1분이라도 더 투자하게 된다. 교수는 지식을 나누는 사람이지 평가자가 아니다.

또 다른 단과대에서 언제나 1등 강의평가를 받는 교수님은 수업이 어렵기로 유명하다. 교수님은 학생들에게 "내가 예전에 서울대에서 가르치던 내용을 그대로 가르친다. 충분히 따라올 수 있다"라고 하고 수업을 시작하신다. 과정에서 친절하게 안내하고 열정적으로 가르치며 점수를 올릴 수 있는 수많은 기회를 준다. 개인의 성적과 상관없이 집단의 수준을 높이 평가받은 학생들은 교수도 높게 평가한다. 그래야 자신들도 높아지기 때문이다.

우리는 우리나라를 좋아하는 외국인을 좋아한다. 해외 스타들 중에 우리나라에 특별히 친밀감을 표하고, 자주 오는 사람을 좋아한다. 아무리 최고의 선수라도 우리나라 경기장에서 벤치에만 앉아 있고, 팬서비스조차 안 하면 등을 돌린다. 우리는 끊임없이 우리에게 우호적인 사람들의 리스트를 만든다. 이는 공식 외교에도 등장한다.

내가 좋아해야 상대도 좋아한다. 라이커빌리티라는 단어는 좋아하는 능력과 좋아함을 받는 능력 모두를 의미한다. 반대의 의미인 것 같지만 실질적으로는 같은

의미다. 상호 호혜의 원칙이다. 다른 사람을 좋아할 줄
아는 사람을 사람들은 좋아한다.

라이커빌리티를
높이는 행동들

경청은 모든 커뮤니케이션의 기본이다. 특히 협상에
서는 더욱 그렇다. 그 이유를 정보의 불균형에서 찾는
다. 협상에서는 정보가 많이 필요하니 상대가 더 이야
기를 많이 하게 해야 정보를 더 많이 가져가고, 그래야
협상에서 이길 수 있다고 말이다. 하지만 사실은 이것
보다 더 중요한 이유가 있다.

사람들은 자기 이야기를 들어주는 사람을 좋아한다.
여기서 들어주는 것은 동의나 허락이 아니다. 자신의
생각과 상관없이 상대의 이야기에 귀를 기울이는 것이
다. 이것은 택시 기사든, 판매원이든 마찬가지다. 따라
서 이야기에 성의 있게 귀를 기울여서 상대가 이야기
를 들어준다는 것을 알게 하면 호감이 상승한다. 설령
허가나 동의를 하지 않아도 마찬가지다. 따라서 이야

기에 귀를 기울이는 것이 필요하다. 그리고 그것을 상대방에게 알리는 몸짓과 말들이 필요한 것이다.

이청득심(以聽得心), 잘 들어주면 마음을 얻을 수 있다. 중요한 협상 장면에서는 기선을 제압하는 것이 아니라 상대방의 마음을 사는 것이 더 효과적이다. 제압당한 사람은 굴복은 하지만 협조는 하지 않는다. 어떤 식으로든 마음을 상하게 한 값을 치른다.

나영석 PD, 김태호 PD, 이명한 PD, 신원호 PD 등 예능을 뜨거운 장르로 만든 이 예능 PD들과 모두 일을 해본 적이 있는 어떤 작가는 이들의 공통점을 잘 들어주는 것으로 꼽는다. 그 작가에 따르면 회의 시간에 어찌 보면 말이 되지 않는 이야기를 수 시간 동안 듣고 있는 것이 힘들 것도 같은데도 그들은 끝까지 듣고 있는다고 한다. 그들이 훌륭한 팀을 이끌고 승승장구하는 힘은 바로 여기서 비롯된다.

관대하고 친절한 말, 인정하는 말이 중요하다. 아카데미 시상식 최초의 외국 영화 수상작인 〈기생충〉의 봉준호 감독은 시상 자리에 이미경 CJ그룹 부회장을 무대 위로 올린다. 그리고 그녀는 "나는 봉 감독의 모든 것을 좋아한다. 그의 웃음과 독특한 크레이지 헤어,

걸음걸이, 패션까지 모든 것을 좋아한다"라고 말했다. 영화 제작부터 국제 대회 홍보까지 전적인 지원을 아끼지 않은 이유다.

봉 감독과 함께 일한 배우들, 스텝, 관계자들은 그가 화를 내거나 큰소리치는 것을 한 번도 본 적이 없다고 입을 모은다. 연기를 마치면 언제나 좋았던 부분을 이야기하고, 부드럽게 설득해 자신이 원하는 그림들을 만들어간다. 함께하는 모든 스텝들에게 '세계 최고'라는 찬사를 아끼지 않으며 동기를 이끌어내서 자신도 모르게 자신의 한계를 넘게 하는 최고의 리더다. 그가 가진 천재성을 구현해내는 것은 그의 관대하면서도 친절한 언어다. 의도는 큰 의미가 없다. 좋은 것은 좋은 것이고, 고쳐야 할 부분에 대해서도 단순하게 "이렇게 하면 더 좋을 것 같다"라고 있는 그대로 전달한다. 이처럼 라이커빌리티가 높은 사람들의 메시지는 단순하고 담백하다. 그들의 행동은 단순하고 진정성 있어 일부러 그 사람의 의도를 고민하게 하지 않는다.

일관성이 없거나 자신의 말과 다른 행동은 사람들을 복잡하게 만든다. 이런 복잡함이 매력으로 느껴지기도 한다. 영화 〈바람과 함께 사라지다〉의 스칼렛 오하라처럼 말이다. 하지만 이런 피곤한 사람들을 사람들은 오래 좋아하지 않는다. 너무 많은 생각을 해야 하거나 예측을 해야 하면 뇌는 과부하가 걸린다. 별로 좋지 않다.

표리부동하지 않고 언행일치가 되어야 한다. 우리는 거짓을 싫어한다. 존 레논은 평화주의자이고 무소유를 노래했다. 그의 그런 정신을 사랑했던 팬은 그가 실은 고가의 뉴욕 아파트에서 호화롭게 사는 것을 알게 되었다. 아파트 앞에서 그에게 방아쇠를 당겼다. 미친 듯이 밀려드는 돈을 어쩔 것이며, 사랑하는 여인과의 관계는 어쩔 것인가? 상황의 복잡성이 있을 것이고, 존 레논이 온전히 세상을 속일 의도가 있었던 것은 아닐 것이다. 현미경이 아니라 맨눈으로 보아도 좋은 사람이 좋은 사람이다.

라이커빌리티 높은 아이로 키우는 방법

사실 내가 이 책을 쓸 수 있는 용기를 갖게 된 것은 이제 성인이 된 나의 딸을 보면서다. 나는 내가 고등학교 때 당했던 집단 따돌림, 그 증오의 언사들을 딸은 겪지 않기를 바랐다. 어쩌면 내가 아이를 키우는 내내 가지고 있었던 가장 큰 불안은 아이가 나처럼 고통받을지도 모른다는 걱정이었다.

외국 생활을 자주 하다 보니 다른 아이들과의 차이점들이 드러났다. 일본과 우리나라에서 집단 따돌림을 많이 당하는 아이들은 외교관이나 주재원의 자녀들처럼 외국 생활을 오래한 아이들이었다.

내가 학교 폭력과 관련되어 봉사를 하는 청소년 폭력재단을 만드신 김종기 이사장님도 삼성전자 홍콩 법인장을 하고 들어왔을 때 아드님이 내가 다닌 고등학교를 다니다가 폭력을 견디지 못하고 자살했고, 그래서 재단을 만드셔서 여생을 봉사하시면서 지내고 계신다. 아시아의 노벨 평화상이라고 불리는 막사이사이상을 수상하셨지만 그분 가슴의 상처는 결코 작아지지 않을 것이다.

나는 나와 아이를 보호하고 싶었다. 그래서 여러 이유가 있었지만, 아이에게 이렇게 이질감을 많이 주는 환경을 피하고 싶었다. 아이는 중학교 이후 외국인 학교를 다니게 되었다. 그래도 아이가 고등학생이 되었을 때 나의 불안은 극에 달했다. 아이가 미움을 받지 않도록 가깝게 아이를 들여다봤다.

아이는 배구부 주장으로 뽑히고, 축구부 주장이 되고, 고3때가 되어서는 학생회장으로 선출이 되었다. 기숙사 대표를 하고 어디 가서 장을 할 수 있는 데서는 다 리더 자리를 맡았다. 거의 모든 자리가 아이들이나 담당 선생님이 뽑아준 자리였다. 실력으로 공정하게 점수를 매겨 맡은 자리는 아니다.

학교에 아이를 데리러 간 적이 있었다. 아이가 학교를 빠져나오는 동안 마주치는 여자 아이들은 달려와 그녀를 와락 껴안았다. 그리고 모든 남학생들과도 잠깐씩 웃으며 대화를 했다. 그 몇십 미터를 나오는 데 오랜 시간이 걸렸다.

그 광경을 바라보는 동안 나는 벅참에 눈물이 고였다. 학생회 활동도 하지 않았던 그녀가 느닷없이 손들고 나섰는데도 학생회장으로 선출된 이유를 알 수 있었다. 그냥 인기투표로 이긴 것 같았다. 내가 그렇게 불안해하던 그 모습이 정반대로 펼쳐졌다. 내가 상상한 이상이었다. 아이의 그런 모습은 꿈꾸어본 적도 없다.

어린 시절 아이는 그저 서성이는 아이였다. 엄마들

위주로 아이들의 교우관계가 형성되는 어린 시절, 바쁜 엄마 탓에 아이는 주류에 들지 못했다. 초등학교 5학년 때는 엄마가 다른 엄마들이랑 친하게 지내서 자기도 그런 무리에 들어가고 싶다고 울기도 했다. 어린 시절부터 운동을 잘했기 때문에 고등학교에 갈 때까지 학교에서 체육부장 말고는 무슨 장 한 번 맡아본 적이 없었다. 각종 대회를 나가기는 해도 1등을 한 적도 없고 공부도 그저 그랬다. 키는 어쩔 때는 반에서 제일 작기도 했고, 머리는 늘 바가지 머리에 4학년 때 택시 기사님에게 "아드님이 잘 생기셨다"는 이야기를 들을 정도였다. 알레르기 비염이 심해서 매년 1학기에는 교실 바깥에는 나가지도 못했고, 소풍도 가지 못했다. 미국에서 살다 와서 영어 발음이 좋은 것 말고는 특별할 것이 없었다.

중학교에 가서는 공부까지 못했다. 바닥을 까는 성적이었다. 사춘기 때 아이는 크게 성장통을 앓았다. 그러면서 주의 집중 장애가 있는 것이 밝혀졌다. 잘난 부모 밑에서 주눅 들까봐 눈치를 보고, 나는 주기적으로 아이에게 사과를 했다.

아이가 어린 시절, 영재 교육이 한참 바람이 불 때,

아이 아빠가 "우리 애는 어떤 영재가 될 수 있지?"라고 했다. 나는 "성격"이라고 말했다. 실제로 미국에는 리더십 영재가 있고 그 아이들을 위한 특수 학교가 있다. 그곳에서 보는 것은 이 성격이다. 다른 사람들에게 영향력을 미칠 수 있는 것도 타고나는 성격이 크고, 그것도 계속 길러줄 수 있다. 물론 내 아이도 영재 수준인지는 모르겠지만 좋은 아이로 태어났다. 어린 시절부터 키우기 수월한 아이였고, 어린이집에서부터 고등학교 때까지 선생님들 면담을 가면 일관적으로 첫마디는 "아이가 늘 웃고 있다(smile)"였다. 그냥 착하고 순한 아이였다.

모든 영재가 그렇듯 타고나는 부분이 양육보다 더 큰 부분을 차지한다. 그리고 부모가 영재를 만들 수는 없지만, 영재로 타고난 아이를 망칠 수는 있다. 그리고 이 라이커빌리티도 어느 정도 성정을 타고난다. 지나치게 예민하거나 까다로운 아이들, 선천성 심장 기형인 나도 그렇고, 많은 노력이 필요한 아이들이 있다. 하지만 우리가 영어도 수학도 열심히 하면 영재는 못 되어도 실력이 느는 것처럼 이런 라이커빌리티도 늘어날 수 있다. 사회적 기술이 좋아지면 그렇다. 공감능력이 좀 떨어지는 아이라도 인사하는 법, 기본적 소통 능력이라도 제대로 익히게 하면 사회 생활을 조금은 수월하게 할 수 있다.

나는 기업과 대학에서 교육을 하면서 관계 중심적 성격을 타고났지만 주변 사람들과 불화를 겪어온 사람들도 봤고, 차가운 엔지니어 성격이지만 사람들과 잘 어울리는 사람도 봤다. 타고난 성향과 별도로 이런 사회적 기술은 길러진다. 정확히 말하면 부모를 모델링하고 부모로부터 강화되면서 길러진다.

아직 우리나라는 교육기관보다 부모의 역할이 이 부분에서는 비교 불가 수준으로 크다. 아이의 라이커빌리티를 키우는 토양은 부모가 된다. 사람들은 생각보다 다른 사람들의 관심과 인정, 사랑을 더 절실히 필요로 한다. 그것이 행복의 핵심이 되기도 한다.

사람들은 아무리 똑똑해도 싫은 사람과는 함께하려고 하지 않는다. 좋은 대학에 가고, 계속 똑똑하고 본인이 옳다고 부르짖는데도, 사람들이 자신을 좋아하지 않는 것을 이해하지 못하는 젊은이들을 숱하게 봤다. 아이가 똑똑하기만 하고 불행하기를 바라는 부모는 없을 것이다. 똑똑하고 사람들도 좋아하는 아이가 되면 얼마나 좋을까? 라이커빌리티를 높이는 양육은 우리가 아이들에게 줘야 할 최고의 책임이고 자산일 수 있다.

최적자만이 살아남을 수 있다는 다윈의 이론과 자본주의는 완벽한 잘남만이 살 길임을 부추겨왔다. 그것만을 추구하는 이들이 앞서고, 그것을 이루려는 사람들의 분투가 세계 경제를 이만큼 키웠다. 하지만 그 성장을 끌고 가던 이들은 그것을 행복하게 누리다 죽기는커녕, 갖은 시기와 질투와 모멸을 견뎌야만 했다. 대중을 탓할 수 있지만, 사실은 인간은 누군가가 혼자 다 갖는 것을 견디지 못한다. 나에게 위협적이지 않으며, 그래서 돌보고 싶은 사람들이 결국 살아남았으며, 세상 사람들은 그것을 깨닫기 시작했다.

2장

왜 우리는
라이커블해져야 하나?

라이커빌리티가
우리에게 꼭 필요한 이유

그동안 우리는 자본주의와 진화의 논리인 적자생존을 내세우는 사람들에게 '최고가 되지 않으면 도태된다'고 수없이 세뇌당했다. 특히 IMF 외환위기 이후 생존의 논리가 더욱 강해진 우리 사회에서는 '생존의 논리가 시민의식을 집어삼켰다'는 평이 나올 지경이다.

세계적으로 히트를 친 〈오징어 게임〉은 '무궁화 꽃이 피었습니다' 같은 어린 시절 놀이를 하게 하고 게임에서 진 사람들을 죽인다. 어쨌건 최종적으로 한 명만 살아남는다. 이 규칙이 과연 목숨을 담보할 만큼 정당한 것인가? 사실 역사도 학문도 승자의 논리로 재편

된다. 그가 유일하게 살아남았기에 그 게임의 규칙은 정당화된다.

적자생존(survival of the fittest), 즉 더 정확하게 번역하면 최적자(the fittest)의 생존은 진정 우리의 자연과 삶의 진실일까? 반드시 그렇지만은 않다.

다니엘 밀로(Daniel S. Milo) 등 많은 진화 연구자들은 최적자가 살아남기도 하지만 사실 별 필요가 없는 것이 과잉 발달이 되기도 하고, 적합하지 않은 특성도 오랜 시간대를 이어 남아 있다는 증거가 널려 있다고 주장한다. 적응성뿐만 아니라 운과 우연 등의 수많은 요소들이 생존에 영향을 끼친다. 다윈조차도 그의 이론을 설파한 『종의 기원』을 내기 전에는 최적자만 생존하는 것은 아니라고 기록했다. 그들은 그저 괜찮은 정도(good enough)라면 생존이 가능하다고 말한다.

어쩌면 '최적자만이 살아남는다'는 말은 어떤 이들에게 꽤나 매력적이고, 꽤나 설득력 있게 들릴 수 있다. 사람들은 극단적이면서 확정적인 명제에 매력을 느끼는 면이 있다. 특히 경쟁을 통해서 이득을 보는 사람들에게 이는 완벽한 도그마다.

이런 학문적 권위까지 갖춘 논리는 스스로 최적자로

칭한 이들에 의해 재생산된다. 이들이 다른 사람을 이용하거나 자신들의 우월함을 과시하기에 매우 적합하기 때문이다. 그들의 사회적 승리와 그 승리를 통해 얻어가는 모든 것들을 정당화해주고, 그렇지 못한 자들을 적응에 실패한 (곧 있으면 진화의 역사에서 사라져갈) 패배자 취급을 하는 것은 매우 편리하다. 그리고 수많은 사람들이 이 패배자가 되지 않기 위해 최선을 다하면서 내는 성과들이, 또 그 위 피라미드의 승자들의 논리를 강화해주기에 이 논리는 꽤 오랜 시간 사회를 지배해왔다.

그러나 이 최적자 생존의 모델은 자본주의가 차용한 하나의 도식에 불과할지도 모른다. 이렇게 정치적으로 이용된 논리는 '최고가 되어야 한다'는 강박과 내 앞에 서 있는 사람들에 대한 시기와 질투를 만들어낸다. 부족한 자원으로 살아남기 위해서는 경쟁에서 이기는 것이 최선일 수도 있다. 하지만 저명한 인류학자인 마거릿 미드 박사(Margaret Mead)는 인간이 유인원에서 인류가 된 결정적 유물로 인간의 부러졌다가 붙은 넓적다리뼈를 꼽는다. 먹이를 구해야 하는 동물이 넓적다리가 부려졌는데도 다시 붙었다는 것은 그가 다리를 다

쳐 먹이를 구하지 못할 때 누군가 돌봤다는 뜻이다. 죽도록 두지 않았다. 약육강식만 존재하던 곳에서는 이러한 유물이 존재하지 않았고 인류 발전도 없었다. 이 같은 돌봄이 등장하면서 인간은 인간다워졌다.

물론 경쟁도 인간의 한 모습이고, 돌봄과 연대도 인간의 한 모습이다. 멸종을 위협받는 많은 종의 생물들이 지금 인간의 돌봄을 받으며 종족을 유지하고 번성해 자연생태계로 돌아가기도 한다.

근자에 들어 결핍의 역사에 거의 종지부를 찍은 인류는 이제는 조금 다른 패러다임이 필요하다. 30~40년 전만 해도 인류는 물자는 물론 식량 부족에 시달렸고, 수많은 사람이 기아로 죽어갔다. 하지만 어느 순간 인간은 식량을 과잉생산할 수 있게 되었고, 이제 삶에 필요한 거의 모든 물자는 부족하지 않다. 이제 결핍은 사회적 분배의 문제일 뿐이다.

남이 죽어야 내가 사는 세상이 아니다. 사실은 그간 존재해왔던 인간의 삶을 새롭게 보는 시각이 필요할 때다. 승자들에 의해서 재편된 수많은 담론과 이론들을 조금 다른 시각으로 보고, 그들의 외침에 가려져 있던 현상들을 면면히 들여다보면서 진실된 삶에 더 가까운 것이 무엇인지를 가늠해보는 시기가 온 것이다. 최적자가 아닌 그저 괜찮은, 그저 좋아할 만한 사람이 되어도 되는 시기 말이다.

그렇다면 우리는 왜 라이커블해져야 하는가? 이번 장에서는 그 이유를 몇 가지로 들어 제시하고자 한다.

인간은 생각보다 합리적이지도 않으며, 그저 자신에게 보이는 대로 생각을 해버린다. 질투는 생각보다 힘이 세서 잘난 사람을 그대로 두고 보기 어렵다. 그것은 분노의 형태로 나타나 목숨까지 위협한다. 한참 잘나가고 있을 때는 그 질투들이 수면 아래 있는 듯 보이지만, 취약해지고 위기를 겪을 때 그 질투는 위협을 초래한다. 그렇기에 우리는 과하게 추구하는 것의 정당성에 대해 의심해볼 필요가 있다.

꼭 사람들을 매혹하고, 최고가 되고, 모든 것을 다 가져야만 인생에 승리하는 것이 아니다. 그리고 시대가 바뀌어서 인색하게 혼자 잘사는 사람보다 사람들과 함께 잘살아보고자 하는 사람들의 숫자가 더 많아지고 있다. 이런 시대를 맞아 살아가는 논리는 당연히 예전과 달라져야 한다.

사람들은
합리적이지 않다

사람들은 합리적인가? 인간의 순수이성이 강조되고 이성이나 합리라는 말이 최고의 덕목처럼 오랜 시간 이어져왔다. 과연 인간은 합리적인가? 사람들은 일정 기준에 의해 옳고 그름을 판단하고, 정확한 판단을 하고 선택을 하는가?

생명과 관련한 중대한 의견을 들여다보자. 2020년 12월 하순에 코로나19 백신에 관한 여론조사가 이루어졌다. 백신의 긴급성과 안전성에 관한 의견이었고, '긴급성이 우선'이라는 대답이 54.9%이고 '안전성이 우선'이라는 대답이 41.1%다.

그러나 지지하는 정당에 따라 답변은 극적으로 달랐다. 국민의힘 지지자 중 84.4%는 '긴급성 우선' 의견에 공감했지만 더불어민주당 지지자 10명 중 8명 정도인 82.5%는 '안전성 우선' 의견에 공감했다. 무당층에서는 '긴급성 우선' 49.1% vs. '안전성 우선' 40.8%로 '긴급성 우선' 응답이 더 많았다. 사회적 사안에 대한 개인적인 의견은 자신이 지지하는 정치 정당의 의견과

80% 이상 일치했다.

미국에서도 마찬가지다. 코로나19가 창궐하던 초기에 트럼프의 공화당 지지자들은 마스크가 소용없다고 했고, 민주당 지지자들은 마스크를 반드시 써야 한다는 의견이 훨씬 강했다. 이는 사회적 충돌로까지 이어졌다.

무엇이 옳은지가 중요한 것이 아니다. 사람들은 이 중요한 시기에 더 많은 전문가들의 이야기에 귀를 기울이고 과학적으로 판단하기보다 자신이 지지하는 정당의 정치인의 입을 바라본다.

사람들은 원래 생각보다 이성적이거나 합리적이지 않다. 인류가 무언가를 계속 강조하는 것은 사실 그렇기 때문에 강조하기 때문이라기보다는 그렇지 않기 때문이다. "너 자신을 알라"는 소크라테스의 말이 아직까지 우리에게 명언으로 남아 있는 이유는 우리가 자신을 잘 모르기 때문이다. 우리가 스스로를 잘 안다면 뭘 2,500년씩이나 그 말이 전해 내려왔겠는가?

우리가 이성적 존재로서 우리를 부각시키는 것은 사실 우리가 이성적이지 않기 때문이다. 우리가 나 자신을 평생 알지 못하고 가는 것처럼 우리는 어쩌면 생각보다 훨씬 더 이성적이지 않을 수 있다. 그러니 내가 뭘 잘하건, 내가 어떤 매력을 가지건, 그것이 합리적으로 따져지는 것이 아니다. 내가 좋아하는 사람이 그렇다면 그렇다고 생각한다. 사람은 좋아하는 사람과 같은 생각을 공유하고 싶어한다.

결국은
나에 대한 인식이다

"저희 제품이 타사 제품보다 훨씬 품질도 좋고 가격 경쟁력도 있는데 사람들은 타사 제품만 사요!"라고 말하는 사장은, 얼마나 타사가 무능하며 얼마나 제품이 후진지에 대해서 목소리를 높인다. 나는 말한다. "제품은 진짜 사장님 회사 것이 좋을 거예요. 그런데 그런 후진 제품을 가지고 더 좋은 제품보다 더 많이 팔고, 돈을 더 번다면 타사가 훨씬 비즈니스를 잘하고 있는 거지요." 제품은 비즈니스 자체가 아니다.

과거에 리더십을 연구하는 학자들은 처음에는 리더의 특성을 연구했고, 그다음에는 리더의 행동을 연구했다. 그러나 1980년대 이후 리더십을 연구하는 사람들은 리더가 다른 사람들에게 어떤 영향을 끼치는지에 대해 초점을 맞췄다. 리더가 무엇을 갖췄고 리더가 어떤 행동을 하느냐보다, 그것이 어떻게 보이고 해석이 되는지 '인식'에 초점을 맞췄다.

우리가 사회에서 성공을 바라면서 세상이 원하는 모든 것을 갖춰도 사람들이 좋아해주지 않으면 소용이 없을 수 있다. 따라서 다른 사람이 가진 나에 대한 '인식'의 중요성을 알아야 한다. 나와 신만 아는 것이 진실이 아니다. 구슬이 서 말이라도 꿰어야 보배다.

그러나 이것은 '눈치를 보고 상대가 원하는 것을 맞춰주라'는 뜻이 결코 아니다. 다 맞춰주는 사람은 사람들이 원하지 않는다. 다 맞춰주는 사람은 사기꾼밖에 없을 수도 있다.

애플은 시장조사를 별도로 하지 않는다. 좋은 것을 만들면 고객은 알아서 산다고 생각한다. 현실적인 시각을 가질 필요가 있다. 그 현실적인 것이 무엇인지를 알 필요가 있다. 우리가 그간 사회에서 당연하다고 주입되어왔던 거대 담론(metanarrative)들이 정말 당연한 것이고 정당한 것인지 의심해볼 필요가 있다. '이렇게 저렇게 하면 사람들이 좋아해줄 거다'와 같은 이야기 말이다. 좋은 대학에 입학하면 자연스럽게 살도 빠지고 예뻐지고 이성친구가 생긴다고 하지만 과연 그런가?

또한 내가 경험으로 쌓아온 데이터로 만들어진 내 관념이 과연 정당한지, 또한 그것이 이 시대에 계속 유효한지도 점검하면서 살아야 한다. '시대정신'이라는 것이 있다. 그것은 그 시대를 이끌어가는 신념이나 철학과 같은 것인데, 이것은 다른 시대가 오면 더 이상 유효하지 않을뿐더러 다른 시대에는 패망의 원인이 된다. 경영학에서는 어제의 답이 오늘의 걸림돌이 된다고도 한다. 물론 어제는 맞았다. 하지만 그 답에 대한 믿음으로 시대에 맞는 답을 찾지 못하게 되고, 그리하여 당연히 도태된다.

시대뿐만 아니라 나이가 들면서, 사회가 바뀌면서, 내가 상대하는 사람들이 바뀌면서 끊임없이 생물처럼 내 주변이 움직인다. 왕년에 킹카였고 퀸카였어도 시간이 흘렀으며 그에 맞춰 성숙해야 한다. 우리는 시간의 흐름과 시대와 그 시대의 사람들에 맞추면서 또 나의 행복과 만족도 추구하면서 살아가야 하는 복잡한 미션을 가지고 살고 있다.

물론 '나는 다른 사람들의 시선이나 인식 따위는 상

관없어'라고 생각할 수 있다. 그럴 수 있다.

한때 핫하게 떠올랐던 메모 앱인 '에버노트'를 만드는 스타트업이 있었다. 그들은 무엇을 만들겠다는 큰 비전은 없고, 조직원들이 쓰고 싶은 어플들을 만드는 것이 자신들의 존재 목적이라고 했다. 꽤나 매력적인 미션을 가지고 있어 투자도 많이 받고 이곳저곳에 이름을 날렸다.

나도 꽤 관심이 있어서 한국 지부(지사도 아니고 독특한 형태의 자발적 단체였음)에서 개최한 행사에 참가했다. 관련자 대담을 한다고 사람들을 연단에 올렸다. KAIST 석사를 받은 사람이 몇 가지 메모 앱을 비교한 논문을 썼는데, 경쟁제품인 마이크로소프트에서 만든 앱이 최고라 한다. 특강을 한 연사는 메모가 중요하다며 삼성의 스마트폰인 '노트' 예찬론만 실컷 폈다.

도대체 이 행사의 목적이나 정체성은 무엇일까? '누가 뭘 만들든지 우리는 우리가 쓰기 좋은 것만 만들 거야'라고 쿨함을 뽐내고 싶었을까? 유아적 자기중심성만 드러내고 말았다. 결국 그 어플은 2~3년 만에 인기를 잃었다. 세상과 소통하지 않고 관계 맺지 않은 자기중심성은 유효하지 않다.

인간은 다른 사람들과 어울려 살아야 하는 이유가 많다. 특히 심리적으로 다른 사람들의 수용·인정·관심·사랑을 생각보다 많이 필요로 한다. 아무리 내가 아니라고 해봤자, 인간으로서의 내가 그것이 부족하면 정신적·신체적·사회적 결핍현상들이 나타날 수밖에 없다.

내가 아무리 좋아해도 제품이 되려면 다른 사람들도 좋아해줘야 한다. 내 신념이 아무리 옳아도 세상의 흐름과 어느 정도 발을 맞춰야 한다. 내가 아무리 좋은 사람이라도 우리는 다른 사람이 좋아해주는 것이 필요하다.

넘치는 사랑이
모든 것일까?

모든 어린 것은 귀엽다. 힘이 없는 것들은 귀여워야 다른 개체로부터 돌봄을 받는다. 돌봄이 필요한 모든 인간은 다른 사람 눈에 귀여워야 할 필요가 있다.

성장과정에서 부모의 사랑을 듬뿍 받고 주변 사람들로부터도 많은 긍정적인 관심을 받아 라이커블하게 잘 성장한 사람들은 사실 이 책을 펼칠 필요도 없을지도 모른다. 하지만 충분하고 건강한 관심과 사랑을 받지 못한 사람들은 자신이 받지 못한 사랑에 대한 깊은 결핍을 느끼게 된다.

불행하게도 부모에게 받아야 할 사랑은 다른 것으로 대체가 되지 못한다. 따라서 그 이후의 삶에 있어서 그것과 비슷한 것을 추구하게 되는데, 타인으로부터 넘치는 사랑을 받고자 하는 열망이 그것이다. 즉 따뜻한 친밀감이 아니라 극적이며, 넘치는 사랑과 인정을 추구한다.

그리하여 대단히 아름다운 사람, 대단히 성공한 사람, 대단히 돈을 많이 버는 사람 등 과대한 성취에 대한 망상을 가지게 된다. 자본주의는 그런 사람이 될 수 있고, 되어야만 한다고 사방에서 외쳐댄다. 그러니 그들은 그래야만 하는 줄 알고 살아간다.

세계 최고의 모델들이 속옷만 입고 화려한 런웨이를 수놓는다. 1990년대부터 시대를 풍미했던 여성 속옷 브랜드 빅토리아 시크릿은 단순히 속옷 제조업체를 넘어 하나의 문화를 형성해왔다. 그들의 유명한 패션쇼의 런웨이는 수많은 사람들의 관심의 대상이 되었다. 어떤 모델의 퍼포먼스는 세계의 이목을 집중시켰다.

각 시대의 섹시함의 아이콘들은 런웨이뿐만 아니라 그들의 사진으로 매장을 뒤덮었다. 웬만한 패션잡지 못지않은 제품 카탈로그는 유료로 팔렸다. 그러나 시대의 변화에 밀려 결국 빅토리아 시크릿은 이런 쇼를 중단하게 되었고, 지금 매장에 가면 그저 평범하고 현실적인 몸매를 가진 유명하지 않은 모델들의 사진이 대대적으로 걸려 있다.

예전에 세계적인 톱 모델을 내세웠을 당시 평범한 여성은 그 속옷을 입으면, 그 모델들처럼 섹시하고 아름다울 것이라는 환상에 고가의 속옷을 구매했을 것이다. 여성들은 멋진 몸매와 아름다운 얼굴을 가져야 한다고 세뇌당했고, 남성들은 경제적으로 성공해야 한다고 세뇌당했다.

큰 집과 멋진 차에 비싼 시계를 찬 남성은 섹시하다는 찬사가 쏟아지며, 남성들에게 로망이 되었다. 그리고 이 자본으로 가는 길에 교육은 중요한 역할을 했다. 공부를 잘하고, 좋은 대학을 졸업해 좋은 직장을 얻는 것이 경제적 풍요와 멋진 이성과의 결혼으로 이어지는 것처럼 보였다.

교육열은 불타올랐다. 특히나 빈부 격차가 큰 사회

에서 중산층으로 올라갈 수 있는 혹은 상류층으로 올라갈 수 있는 그나마 가장 비용이 적게 들고 쉬운 길은 교육이었던 때가 있었다. 사교육 열풍은 이런 사회를 중심으로 불타올랐다.

최적자 생존! 최적자를 나름대로 정의해놓고, 그것이 되기 위해서 인간은 저마다 불살랐다. 자본주의의 사회에 적자들은 그리하여 안녕하게 살아남았는가? 앞서 말한 것처럼 자본주의의 최적자 모습을 갖춘 듯 보이는 이들은, 오히려 그 과잉된 매력과 성취가 그들을 결국 불행하게 만들었으며, 그들에게 가혹한 대가를 치르게 했다.

자본주의는 사실 자연의 법칙이 아니라 인간의 발명품이다. 인간의 발명품의 논리는 자연의 자연스러운 논리에 딱 부합하지는 않았다. 자본주의의 승자는 무엇보다 다른 사람들에게 질투를 불러일으켰고, 벌을 받았다. 인간사의 최적자는 우리가 생각한 그런 존재가 아니었다.

질투는 생각보다
힘이 세다

정신분석가이자 유럽 최고 경영대학인 인시아드 (INSEAD)의 맨프레드 교수에 의하면 우리가 분노하는 대상은 사실은 질투의 대상이다. 사람들은 질투하지 않는 대상의 잘못에는 오랫동안 분노하지 않는다.

우리는 극악한 연쇄살인범보다 재벌의 도덕적 과오에 더 분노한다. 우리는 우리에게 가장 잘못한 적이 아니라, 우리보다 잘사는 적에 분노한다.

우리는 역사적으로 수많은 외침을 받아왔다. 가장 굴욕적이면서도 가장 큰 타격을 준 것은 원나라, 몽골이다. 우리의 엉덩이에 있는 몽고반점이 그것을 말해 준다. '화냥년'이라는 욕의 어원은 '환향녀(還鄕女)'이다. 원나라에 잡혀갔다가 고향으로 돌아온 여성들이 원나라에서 정절이 짓밟혔다는 이유로 그녀들을 모욕적으로 부르는 말이다. 사실 그 여성들을 지키지 못한 나라, 사회, 남편과 아버지, 오빠의 죄책감과 수치심을 여성들에게 투사한 것이다. 그리하여 그들은 그 불편한 감정으로부터 비겁하게 빠져나갔다.

하여간 이런 치욕스러운 역사를 가지고 있지만, 오늘날 몽고에 적대감을 가진 사람을 찾기는 그다지 쉽지 않다. 그러나 일본에 대해서는 다르다. 고려시대 원나라에 당한 일과 비슷한 일을 당한 정신대 할머니들을 사회적으로 이렇게 얕잡아 부르는 일은 없다.

국가대표 감독으로 오는 외국인 지도자들도 다른 것은 몰라도 우리나라에서는 한일전은 반드시 이겨야 하는 경기로 알고 있다. 우리나라를 침략한 중국·러시아·몽골·일본 등 중에 우리는 특히 일본에 대한 적개심이 크다. 이 나라들 중에서 우리나라보다 잘사는 유일한 나라가 일본이다.

독일 나치가 유태인들을 탄압하고 재산을 빼앗고 집단 학살을 하는 동안 유럽의 다른 국가들은 침묵했다. 유태인들에게 갖은 말도 안 되는 이유를 뒤집어씌워 그들을 죄악시했지만, 배경에는 유태인들이 유럽 사회에 가지고 있던 각종 영향력이 회자된다. 미국의 다양성 정책의 하나로 여겨지는 '적극적 우대조치(affirmative action)' 역시 지나치게 유태인 학생들이 대학에 많이 합격하는 것을 견제하고자 학생들의 비율을 합법적으로 조정하기 위해 생긴 제도라 여겨진다. 지금도 전체

인류 인구에서의 유태인 비중은 0.02%에 불과하지만 세계 억만장자의 30%, 노벨상 수상자의 30%가 유태인이고 월 스트리트의 글로벌 금융사들과 미국 언론사 대부분이 유태인 소유다.

10대 소녀였던 잔 다르크는 '위기에 빠진 고국을 구하라'는 신의 계시를 받고 백년전쟁에 자원해 참전한다. 그녀는 수많은 전투를 승리로 이끌어 프랑스의 영웅이 되었다. 위기에 빠진 샤를 7세는 잔 다르크 덕분에 대관식을 치를 수 있었다. 그러나 그녀는 결국 반역과 이단 혐의로 20세의 나이에 잉글랜드에서 화형에 처해졌다. 그녀의 고국은 그녀를 구하지 않았다. 국가를 구한 그녀가 국민들에게 영웅시되는 것, 그녀의 영향력이 커지는 것을 두고 볼 수 없었던 프랑스 국왕은 그녀를 죽게 했다.

프랑스 부자들은 부자인 티를 내지 않는다. 수많은 혁명의 프랑스 역사 속에서 언제나 타깃은 귀족과 부자 등 기득권층이었고, 그때마다 그들은 대중들 앞에서 단두대에 올랐다. 이런 사회적 학습에 따라 프랑스에서 부를 과시하는 일은 이제 거의 보기 어려워졌다. 세계 최고 명품 나라의 아이러니가 아닐 수 없다.

잘나가고 있을 때는 큰 문제가 없다. 하지만 우리는 살면서 반드시 위기를 만나게 된다. 우리가 위기에 처했을 때, 이 라이커블한 사람들과 그렇지 않은 사람들은 차이가 난다. 라이커블한 사람들은 주변에서 도와주는 사람들이 많다. 혹은 그저 침묵으로 상황이 더 나빠지지 않게 도와준다. 하지만 라이커블하지 않은 사람들의 잘못에는 이때가 기회다 싶어 달려든다. 그들의 부정적인 부분을 부각시키는 데 사람들은 열을 올린다.

특히나 라이커블하지 않아서 평판이 좋지 않은 사람들보다 사랑받던 사람들이 겪는 이런 부정적인 공격은 더욱 고통스럽게 느껴진다. 사랑받고 싶어서 자신의 방식대로 최선을 다해서 노력을 했고 그 결과로 사랑받는다고 생각했다면, 그것이 무너지는 경험은 온 세상이 무너지는 것과 같은 고통이다. 사람들의 호감을 갖고 싶은 사람들뿐만 아니라 이미 사람들이 나를 좋아한다고 충분히 믿는 사람들에게도 라이커빌리티는 중요한 이슈다.

사람들은 생각보다
최고를 좋아하지 않는다

마케팅 전문가가 이야기한다. "사람들은 적당히 럭셔리한 걸 좋아해. 은근히, 면면이 럭셔리한 것이 아니라 '나 럭셔리해요' 하면서 막 금색띠 두르고, 어쩌면 천박해 보일 수도 있는 그런 럭셔리를 좋아해. 럭셔리제품의 역사가 오래된 유럽 사람들은 브랜드 마크가 크게 붙어 있는 걸 좋아하지 않아. 아는 사람들끼리 아는 제품을 선호하지. 신흥 부자들이 많은 국가 사람들이 브랜드 마크 빡 들어간 제품을 선호해. 그런 게 더 많이 팔려."

대중문화 전문가가 이야기한다. "대중성을 추구하는 가요는 너무 세련되면 안 됩니다. 약간 촌스러워야 돼요. 후크송이 해외 음악 평론가들에게 촌스럽다는 평을 들으면서도 K-POP 열풍을 만들어냈잖아요."

심리 전문가가 이야기한다. "너무 완벽한 부모가 되려고 하지 마세요. 공부하라고 애 잡고, 완벽한 상을 만들어놓고 거기에 맞춰서 키우다가 관계 틀어지고 아이는 훌륭한 아이인데도 패배감과 열등감에 시달리게 됩니다. 그냥 삼시 세끼 굶기지 않고, 때리지 않고, 사랑만은 아끼지 않고, 부모로서 주어진 도리만 하는 그냥 괜찮은 보호자가 되면 됩니다."

빌 게이츠가 이혼을 하자 마치 기다렸다는 듯이 사람들은 추문을 쏟아낸다. 그의 세계적 수준의 완벽함이 깨졌기 때문이 아니다. 그간 완벽한 모습이 불편했던 사람들의 마음이 하나로 모인 것이다. 최고의 지성과 재력 그리고 그의 기부활동과 모범적인 가정생활, 낙천적이면서도 호감을 주던 인간적 면모들은 갖은 확인되지 않은 성 추문으로 짓밟혔다. 이혼을 겪는 그의 인간적인 아픔에 관심을 갖는 사람들은 하나도 없는 것 같다.

반면 비운의 황태자 비였던 다이애나는 죽은 지 10년이 되어도 전 세계의 추모를 받고 있다. 핑크빛 로맨스의 주인공으로 왕실에 입성을 한 사랑스러운 그녀가 처음부터 잘못된 결혼을 했으며, 남편의 불륜에 결혼 기간 내내 고통에 시달렸다고 고백한다. 그러자 전 세계는 그녀에게 안타까움과 위로를 쏟아냈다. 그리고 그녀의 비극적 죽음은 아직까지 전 세계의 관심사이자 미스터리다. 꾸준히 악당을 찾기 위한 추리, 때로는 억

측을 만들어내고 있다. 그녀는 죽은 후에도 영국인의 사랑을 꾸준히 받고 있다.

최고를 좋아하고, 그것을 볼 줄 아는 사람들이 있다. 그리고 그들 사이에서 소비되는 제품이나 문화가 있다. 음악, 미술도 그렇다. 하지만 더 많은, 일반적인 사람들이 선호하는 것은 모든 것이 극강으로 완벽한 것이 아니다.

현진건의 「술 권하는 사회」의 "엘리트를 나무에 올라가라고 하고, 막상 나무에 올라가면 나무를 흔드는 격"이라는 소설 구절이 이 현상을 말해준다. 완벽을 추구하라고 우리는 이야기한다. 하지만 막상 그 완벽에 가깝게 되면 그 사람을 흔들어 떨어지게 만든다. 그럼 그 나무는 누가 흔들까? 올라가고 싶었지만 올라가지 못한 사람들이다. 정확히 말하면 올라가지 못했다고 스스로 생각하는 사람들이다. 그 나무에 올라가는 것에 애당초 관심이 없었던 이들은 누가 올라갔든 상관이 없다.

여기서 잔인한 선택이 필요할 수도 있다. "그럼 나보고 잘나지 말라는 소리냐?"라고 말할 수 있다. 자신이 탁월성이나 객관적 성취를 꾸준히 추구해 이루게 되면 사람들은 그를 싫어하게 될 가능성이 높다. 아니면 그것을 상쇄할 만큼의 라이커빌리티를 높이는 별도의 노력을 해야 한다.

탁월성을 선택했다면 무엇이 되었건 다른 것은 내려놔야 한다. 명예나 돈은 적당히 포기하든지, 아니면 큰 단점을 드러내든지 말이다. 그런데 그것은 내가 다 판단할 수 있는 것이 아니다. 보는 사람들의 기준에 달려 있다.

국가대표급의 대단한 경력과 능력, 백화점 화보에 나올 듯하게 관리된 훌륭한 외모에 새벽 출근에도 지치지 않는 체력을 가진 한 대기업 임원이 딜레마에 빠졌다. 개인의 업적은 계속 승승장구인데, 조직 전체의 퍼포먼스가 생각만큼 나지 않아 외부에서 말이 나오기 시작했다. "그럼 나보고 어떻게 하라는 것이냐? 내가 바보처럼 옷을 입고, 머리도 헝클어뜨리고 다니라는 뜻이냐? 내가 고객을 만나러 나가면 계약이 되는 것이 확실한데, 아래 직원을 보내서 불확실성을 만들어야 하냐?"라고 그는 물었다.

나는 그의 울 것 같은 눈을 보며 차마 "네"라고 대답을 하지 못했다. 너무 잘난 리더 밑에서 주눅 든 직원들, 뛰어난 성취에 자꾸 태클을 거는 주변 부서들. 그들을 물리치고 개인 커리어의 정점을 찍어야 하는지, 아니면 이제는 좀 내려놓는 연기라도 해야 하는지, 참으로 딜레마다. 하지만 많은 케이스에서 후자를 선택했을 때 더 큰 성과가 가능하다. 특히 조직이 있다면 더욱 그렇다. 아무리 잘하는 사람도 혼자서 했을 때는 한계가 있다.

전설적 농구선수인 마이클 조던이 감독의 강력한 요청에 따라 자신의 기량을 조금 내려놓고 동료들에게 기회를 주기 시작하자 시카고 불스는 우승행진을 시작할 수가 있었다. 하지만 이 순간의 개인적 갈등은 어마어마한 일이다.

늘 우리는 '적당히'가 가장 어렵다고 하는데, 그 '적당히'가 잘 가늠이 되고 실행이 되었을 때, 이런 전환이 매끄럽게 진행된다. 그런데 이런 것은 아주 수가 높은 사람들에게만 보이는 것 같다. 보통은 자신이 무엇을 원하는지, 무엇이 더 이득인지 모르는 경우가 많다. 내가 계속 개인적인 기량은 좋지만 우승은 못 하는 팀의 선수로 남을 것인지, 내가 개인 기록은 살짝 떨어지더라도 우승의 주역이 될 것인지를 결정하는 것은 또 다른 차원이기 때문이다. 이 '적당히' '과유불급' '중용'이 가장 어려운 것이 아닐까. 하지만 사실 그것을 무시하고 사는 삶도 쉬운 것은 아니기에 어쩌면 인생이라는 것이 만만치 않은 듯하다.

경쟁 일변도이던
시대가 변했다

우리 시대는 가장 기본적인 식량 결핍을 해결하면서 이 완벽과 잘남에 대한 강박은 어느 정도 내려놓은 듯하다. 한때는 완벽을 추구하고, 크고 멋있는 것을 사람들은 좋아했다. 대스타와 엄청난 미장센을 자랑하는 광고들이 우리의 눈을 즐겁게 해줬다.

그러나 한 마케팅 전문가는 요즘 MZ세대가 선호하는 것은 '병맛'이란다. 세계 최고 수준의 광고를 만들 수 있는 모든 자원을 가지고 있는 삼성전자마저 최근에는 믿어지지 않을 수준의 유치한 광고를 내보내고 있다. 싸이의 강남 스타일이 세계적인 히트를 치면서 B급 정서는 대중문화에 주요한 영향을 끼치기 시작한다.

인기를 얻는 방식도 달라졌다. 과거에는 스타가 스타로서 빛날 수 없으면 은퇴를 했다. 그러나 요즘은 과거에 카리스마 넘치던 스타들이 늙고 힘없고 부족한 존재임을 드러내면서 인기를 누리고 있다. 농구 대통령이라고 한 시대를 호령하던 농구스타는 축구 예능에 등장했다. 체력도 안 되고, 축구 기본 규칙도 이해 못하고, 말도 시원하게 못 한다. 그러나 욱하는 성미는 그대로 질러댄다고 다른 참가자들에게 놀림받더니, 각종 예능의 치트키로 떠올랐다.

60대의 우리나라 대표 경영인은 인스타 계정을 만들더니 아침에 일어나자마자 찍은 뻗친 머리에 멍한 표정의 사진을 올린다. 50대의 재벌은 자신을 닮은 우스운 고릴라 캐릭터를 만들어 귀여운 기 싸움을 하는 사진을 연출한다. 예전의 시각으로 보면 지금은 그 잘난 사람들이 누가 누가 모자란가 대회를 하는 수준이다. 사람들은 이런 그들의 모습을 재미있어하면서 그들에게 호감을 가진다.

평가에 대한 정서도 달라졌다. 2020 도쿄 올림픽 중계를 보면 예전과 사뭇 달라진 해설과 국민들의 반응을 볼 수 있다. 여서정 선수가 도마 종목에서 우리나라 여자 기계체조 역사상 최초로 올림픽 메달을 땄다. 착지에서 뒤로 3발짝 물러나는 실수를 하자 캐스터와 해설자는 연신 '괜찮다' '너무 잘했다' '고생했다' '메달을 못 따도 이미 너무 훌륭하다'고 한다. 동메달이 확정되는 순간에는 환호를 울렸다. 자막에는 꽃가루가 날렸다.

그런데 여서정 선수의 아버지인 여홍철 선수가 1996년 애틀랜타 올림픽에서 우리나라 기계체조 역사상 최고의 성적인 은메달을 따던 순간에는 어땠을까? 딸처럼 아버지도 착지에서 세 발짝 물러서서 감점을 받았다. 그러자 캐스터는 연신 '안타깝다'는 말을 되풀이했다. 그 어떤 긍정적인 코멘트도 없었다. 결국 은메달이 확정되자, 또 착지 실수를 언급하며 안타깝다고 했다. 공중에서 완벽했던 퍼포먼스에 대한 찬사도, 체조 강국도 아닌 나라에서 이뤄낸 최고 성적에 축하한다는 말도, 1초를 위해 1년을 연습한다는 국가대표 선수에게 고생했다는 말도 없었다.

2020년의 올림픽에서 캐스터가 은메달을 딴 선수에게 "우리가 원하던 메달 색깔은 아니었지만"이라고 멘트를 했다. 시청자들은 강하게 캐스터를 비난하고, 이는 꽤 많이 기사화가 되었다. 우리 사회가 얼마나 변화했는지를 단적으로 보여주는 장면이다.

이제는 메달을 따지 못한 최선을 다한 선수들에게는 아낌없는 찬사와 응원과 위로를 보낸다. 승자에게만 가던 관심만큼 패자들에게도 위로를 할 수 있는 사회가 되었다. 꼭 1등을 하지 않아도 큰 문제가 되지 않는 사회가 된 것이고, 오히려 승리와 완벽을 위해 사투를 강요하는 자들에게 반감을 갖는 사회가 되었다.

런웨이에 화려한 모델에게 보내던 부러운 눈길을 거두고, 비현실적인 기준에 우리를 맞추지 말자고 소비자들은 소리를 높이기 시작했다. 소비자들은 환상을 품고 제품을 사용하면서 그 환상이 재현되지 않는 것에 좌절하는 이 아찔한 롤러코스터를 더 이상 타지 않기로 선언했다. 메달을 따지 않아도 4등을 해서 기분이 좋다고 카메라 앞에서 몸부림을 치며 큰소리로 웃을 수 있다. 최적자가 아니어도 살아남을 수 있음을, 아니 최적자처럼 보이지 않아야 살아남을 수 있음을 깨닫고 보다 현실적으로 되어가고 있다.

결핍이 해결되고 사회적으로 어느 정도 이상의 삶을 살게 되면서 경쟁의식도 매우 옅어졌다. 따라서 이제는 먹고사는 것과 직결되지도 않는 경쟁 사회에서 쓸데없이 경쟁 시스템으로 서로를 불편하게 하는 일이 의미 없어진 것을 느낀다.

왜
라이커빌리티인가?

리더십 코칭이나 교육을 하는 장면에서 라이커빌리티를 이야기하면 사람들은 "맞아! 그거야!" 하면서 무릎을 친다.

"사람들은 옳은 말을 따르는 것이 아니라, 자신이 좋아하는 사람의 말을 따릅니다. 옳은 말을 많이 하는 리더보다 내가 좋아하는 상사의 말을 따르게 되어 있어요." 특히 조직에서 큰 성공을 거두고 있는 임원들의 경우 라이커빌리티에 더더욱 깊이 공감한다.

어느 날 마케팅 전문가분에게 라이커빌리티에 대한 아이디어를 이야기했다. "그게 예를 들면 어떤 거지요?" "이를테면 새우깡과 허니버터칩 같은 거예요. 허니버터칩이 아니라 새우깡 같은 사람이 되자는 거죠."

그러자 국내 최고 마케팅 전문가의 반응이 시큰둥하다. 평생을 사람들의 마음을 한순간에 사로잡는 매혹을 만들어내는 일에 몰두하셨으니 그럴 만도 하다.

나는 말을 이어갔다. "제품이야 잘 팔리면 계속 만들면 되고, 안 팔리면 생산라인을 없애면 되죠. 허니버터칩이 처음에 나왔을 때는 없어서 못 사는 제품이었지만, 지금은 잔뜩 쌓아놓아도 집어가는 사람들이 별로 없어요. 제품이니까 괜찮아요. 그런데 그게 사람이면 문제가 달라진다는 거지요. 반짝스타로 떠서 스포트라이트를 받다가 인기가 사라진다고해서 인생이 끝나는 것은 아니잖아요. 큰 인기가 사라진 인생처럼 쓸쓸하고 괴로운 인생은 없을 것 같아요. 그래서 특히 사람은 매혹이 아니라 사람들이 꾸준히 나를 좋아해주는, 그래서 꾸준히 찾아주는 사람이 되는 게 더 낫지 않을까요?"

우리는 제품이 아닌 사람이고, 고령화시대를 맞아 자그마치 100세 시대를 살아야 한다. 우리는 사람이라서 다른 사람들이 나를 어떻게 생각하는지에 큰 영향을 받고, 우리는 너무 오래 살 거라서 그나마 뇌가 하루라도 젊었을 때 새로운 삶의 태도나 패턴을 만드는 것이 필요하다.

1940년대 이후 '리더십 개발'이라고 하는 것은 줄곧 나의 말과 행동이 다른 사람에게 어떤 감정을 불러일으키는지에 대해 민감성을 키우는 것이었다. 사회적 동물로서 당연한 일이지만, 옳고 그름이나 이성적 판단이 이런 감정적인 것보다 절대적 우위에 있다고 생각하는 이들이 많다.

사실 이제는 '무엇이 옳은 것이냐'의 싸움은 사지선다 문제의 답을 맞히는 시험을 제외하고서 별 의미가 없다. 결국 누구와 함께할 때 더 기분이 좋은지가 답인 시대다.

그간 공부만 잘하면, 일만 잘하면, 성과만 좋으면 더 사랑받고 행복한 삶을 살 수 있으리라 믿었던 많은 사람들이 새로운 시각에 관심을 갖기를 바란다. 사회적 관계를 잘 만들기 위해서는 기본적인 소양을 갖춰야 한다. 그리고 대인관계에 문제를 일으키지 않을 수 있는, 더 나아가 라이커블해질 수 있는 사회적 기술을 배워서 익히면 된다.

나는 아직 더 이루고 싶은 것도, 과거에 이루었으면 싶은 것도 많다. 나는 과거를 돌아보며 그때 그것을 더 추구했더라면 하면서 아쉬움에 가슴 한쪽이 미어지기도 한다.

10여 년 전 『선물』이라는 자기계발서를 인상적으로 읽었다. 주인공이 조금만 더 바랐더라면 더 이룰 수 있었을 것들의 목록을 보면서, 더 열심히 살지 못한 것에 대한 회한에 잠기는 부분에 나는 깊이 공감했다. 조금 더 열심히 살아서, 조금 더 참아서 더 많은 것을 이루고, 더 많은 것을 가지고 있었더라면 지금 어떨까?

삼성전자 임원 코칭을 하고 나오면서 함께 코칭을 하던 분께 이런 말을 했다. "저도 삼성을 계속 다녔다면 지금쯤 임원이 되었을 텐데요." 그러자 삼성과 나를 꽤 잘 아는 그분이 말씀하셨다. "아니요, 계속 다니셨다면 지금쯤 돌아가셨을 거예요." 나는 그 소리에 박장대소를 했다.

그렇다. 나는 20년씩 매일 출근할 체력이 되지 않는다. 그 안에서 엄청난 스트레스와 업무 욕심을 견디며 살아갈 수 있는 내구성 좋은 인간이 아니다. 그리고 아마 그런 것을 다 견딜 수 있었더라면 몇 번은 재수 없다고 머리채를 잡혔을 수도 있다. 아마 나라도 그러고 싶지 않았을까 싶다.

그저 딱 이만큼 내 인생을 살면서, 그런 나를 보며 적당히 사람들이 안타까워해주면서 외롭지 않으니 그걸로 충분하지 않을까.

사람이 사람을 좋아하는 데는 크고 화려한 것이 필요한 것이 아니다. 내가 나다울 때 우리는 자신을 감추는 데 에너지를 아낄 수 있다. 그래야 다른 사람들을 위한 사회적 행동을 하고, 관계를 좋게 만들어나가는 데 힘을 쏟을 수 있다. 스스로에 대한 성찰과 내가 원하는 나의 모습의 상을 만들어놓고, 그런 사람이 되기 위해 스스로 노력하는 이들은, 다른 이들에게도 관대하고 그들에게 감동을 준다. 삶에 대한 철학과 용기를 가진 진정성 있는 사람이 되는 것이 나를 좋아하게 하는 진정한 힘이다.

어떤 것이 나를
라이커블하게 만드나?

내가 이런 사람으로 보이면
사람들이 나를 좋아해줄 거야

생애 처음 자동차를 구매하기로 결정하면서 나는 자동차와 관련된 유튜브 영상들에 몰두한 적이 있다. 그러다 보니 알고리즘에 따라서 카푸어 관련 영상들을 만나게 되었다. 카푸어. 가난하지만 차는 좋은 차를 타고 싶어서 차에 과소비한 사람들, 혹은 차 때문에 더 가난해진 사람들 정도로 해석이 될 것이다.

이 카푸어들은 20~30대 남자들이 많은데, 모아놓은 큰돈이 없는 그들은 높은 이자의 빚을 내어 중고 외제차를 구매한다. 이유는 연애를 하고 결혼을 하기 위해서다. 내가 옛날 사람이라서 그런지 그 부분이 이해가 되지 않았다. 몇 개의 동영상을 더 찾아보니, 그 안에서 보이는 서사는 그러했다. 여자들의 환심을 사서 데이트를 하고 연애를 하고 결혼을 하기 위해서는 자신이 능력 있는 사람임을 확인시켜줘야 하는데, 그것이 바로 외제차라는 것이다.

사실 일반적인 여자들은 차를 잘 모른다. 현대차면 현대차고 벤츠면 벤츠이지, 차종이 어떻게 되고 몇 년식이며 얼마짜리인지 등을 따져보지 않는다. 그렇기 때문에 중고차라도 외제차를 타면 무조건 그것이 여성들에게 매력으로 어필이 될 수 있다는 것이다. 그것이 10년 된 중고차라도 새로 뽑은 소형차보다 훨씬 여성을 유인하기 쉽다는 것이 카푸어들의 논리다.

나는 거기서 의문이 생겼다. 세상 물정을 조금이라도 아는 여성이라면 20대의 남자가 타는 외제차는 부모님 차이거나 물려받았을 것이라고 생각하지, 그것을 새 차로 뽑아서 몰고 다닐 능력남이라고 생각하지 않을 것이다. 오히려 어렵게 번 돈을 외제차에 탕진한, 차를 너무 좋아하는 사람이라고 생각할 것이다. 아니면 중고차라도 사서 허세를 부려야만 하는 사정이 있는 본 모습을 간파할 것이다.

만약 주변 사람이 당연하게 외제차를 타는 환경에서 자란 여성이라면 외제차를 가진 남성은 그녀에게 어떤 감동도 주지 못할 것이다.

물론 카푸어라고 불리는 남성을 정말 능력남이라고 보는 여성도 있을 것이다. 그런 여성들은 저렇게 비싼 차를 모는 것을 보니, 자기가 샀든 부모님이 물려주셨든 집도 있고, 월 수입도 높고, 현금도 많이 가지고 있을 것이라고 착각할 것이다. 원하던 시나리오대로 굴러가게 된다면 그 여성이 이 남성에 대해 착각하고 있는 부분과 현실의 간극은 더욱 커진다.

젊은 여성들은 명품과 성형을 포인트로 삼는다. 빚을 내서라도 명품을 두르고, 자신이 그 명품을 자연스럽게 쓰는 사람처럼 보여 자신을 더 좋아해줄 것이라고 믿는다. 그러나 앞의 카푸어와 같은 논리로 자신이 생각한 대로 목표를 이루긴 쉽지 않다.

그 작전이 맞아떨어져서 인연이 이어진다면 그것이 더 비극 아닐까? 외제차를 타는 것을 능력남이라고 착각해서 자신을 좋아하는 이성이라면, 그가 실은 빚쟁이일 뿐이라는 것이 드러나게 될까봐 얼마나 노심초사할 것이며, 본모습이 드러나면 상대가 떠날 수 있는 위험은 처음부터 내재한 상태였고, 이를 견뎌야 한다. 결국 그렇게 허술하게 꾸며진 모습은 자신의 실상을 더욱 비참하게 하는 것이고, 그 유지 비용과 간극을 거짓으로 꾸며대느라 허덕이게 할 것이다. 가장 중요한 것은 '정작 중요한 것을 놓치고 있는 것을 모르는 것'이다.

어쩌다 결혼이라도 한다면 그녀의 기대치를 평생 맞춰줄 수는 있나? '선녀와 나무꾼' 이야기에 나오는 나무꾼 같은 발상이다. 명품을 두른 것에 매력을 느껴 접근한 사람이 사실은 그 명품은 다 빚이고 실상은 그에 훨씬 못 미친다는 것을 알면 어쩔 것인가? 평생 그렇게 속이며 살아가는 것이 가능하기는 한가? 내가 아닌 내가 연기한 캐릭터를 좋아해주는 것으로 만족할 수 있을까? 결국 거짓에 속은 이는 떠나게 되어 있다.

어쨌든 사람들은 이런 환상을 가진다. 자기 마음대로 '내가 이런 사람으로 보이면 사람들이 나를 좋아해줄 거야'라고 생각한다. 나 역시 그랬다. 공부 잘하고 성공하면 더 많은 사랑을 받을 줄 알았다. 공부는 학위라도 남지, 차나 명품은 빚만 남길 수 있다. 사람들은 흔히 자신이 갖지 못한 것을 가진 사람들을 부러워하고, 그것을 가지면 사람들이 자기를 좋아할 것이라고 생각한다. 현실감각이 없는 것이다.

누군가에게 사랑을 받아본 적이 없는 사람들은 감이 떨어진다. 그래서 자기 주변의 사례를 쉽게 일반화하는 경향이 있다. 주변에 인기 있는 친구가 비싼 옷을 입고 있으면, 자기도 비싼 옷을 입으면 인기 있는 인물이 될 것이라 착각한다. 비싼 옷을 입었는데도 인기 있는 인물이 되지 못하면 좌절하고 분노한다. 하지만 그 방식을 탈피하지 못하고 반복하곤 한다.

리더십 코칭에서 가장 중요한 것은 리더가 현실감각을 잃지 않게 도와주는 것이다. 꽤 큰 성공을 거둔 것처럼 보이는 리더들도 곧잘 잃는 것이 이 현실감이다. 그러니 좌절할 필요가 없다. 차근차근 무엇이 필요한지 알아보고, 내가 할 수 있는 것부터 실행하면 된다.

인식에 중요한
메커니즘

라이커빌리티는 인식이다. 결국 나를 좋게 인식하도록 하는 것이 라이커블해지는 길이다. 그러나 이 인식이라는 것은 늘 쌍방향으로 일어나고, 여러 부분에서 오류를 불러일으킨다. 내가 의도한 대로 상대가 인식하지도 않을뿐더러, 나 역시 상대가 의도한 대로 인식하지 않는다. 그 오류투성이의 인식을 제대로 이해해야 인식이라는 것을 관리할 수가 있다. 인식에 중요한 메커니즘에 대해 알아보자.

일반적으로 사람들은 나를 바라볼 때 나와 같은 눈으로 바라보지 않는다. 사람들은 나에게서 자신이 부족한 것을 먼저 본다.

사람은 신생아 시절 전지전능성을 가진다. 이 영아 시절에 부모는 아이가 울면 먹을 것을 주고, 잠을 재워주고, 기저귀를 갈아준다. 아기는 부모를 자신이 통제한다고 생각한다.

그러다가 아기는 팔다리를 움직이기 시작하면서 누워서 누리던 전지전능성이 무너지는 것을 경험한다. 부모를 움직이기는커녕 자기 몸도 통제하지 못하는 것을 알게 된다. 본인의 초라함과 부족함을 느낀다. 전지전능성 대신 부모에 대한 이상화를 시작한다. 부모가 나에게 베푸는 것은 내가 잘나서가 아니라 부모가 잘나서임을 깨닫는다.

그들은 부모를 크고 유능한 존재로 여긴다. 또한 부모를 통제하거나 그들과 경쟁하지 않기로 타협하고 그들의 모습을 자신과 동일시하여 자신의 부족함을 채워보려 한다. 부모를 이상화하고 추종함으로써 내가 그가 된 것 같은 기분을 느낀다.

태산 같은 아버지의 모습은 이때 만들어진 부모의 상이다. 아이들은 부모를 따라하고, 그런 부모의 자신에 대한 태도마저 내재화해 본인의 상을 만든다. 이때 부모가 아이들의 부정적인 면에 대해 이야기를 많이 하면 스스로도 부족한 것을 알고 있는 것에 더해 자신을 더 부정적으로 보게 된다. 부적절한 면들은 많은 경우 부모로부터 재차 확인되고 과다 주입된다.

이를테면 아이가 걷게 된 것에 긍정적으로 반응해주고 응원을 해주는 부모가 있는 반면, 비틀거리며 아직 제대로 못 걷는 것을 놀리거나, 어서 제대로 걸으라고 다그치거나, 안타까워하게 되면 아이는 '걷기'라는 자신의 성취에 자긍심을 느끼지 못하게 된다. 대신 자신이 부족한 존재라는 생각을 하게 된다. 그것이 더욱 강한 열등감으로 자리 잡게 된다. 그래서 대부분의 사람들은 자신에 대해 실제보다 부정적으로 생각한다.

유명한 정신분석학자인 아들러(Alfred Adler)는, 인간은 이 열등감을 우월감으로 바꾸기 위해서 살아간다고 해 '열등감'을 존재의 동력으로 봤다. 하지만 이것이 과하게 부정적인 영향을 끼치면 한마디로 그 부분에 고착이 된다. 쉬운 말로 한이 맺히게 된다.

과하게 성형을 하는 사람들은 보통 부모가 그 아이가 실질적으로 못생겼든 잘생겼든 상관없이 외모에 대해서 계속적으로 비하했을 가능성이 크다. 실제로 성형 중독은 신체이형장애일 가능성이 큰데, 이것은 별문제가 없거나 아주 작은 신체적 결함에 집착해 그것에 사로잡히는 정신 장애다. 이것이 생기면 미남이나 미녀라도 부족한 것을 잡아내어 필요 이상의 집착을 하게 된다.

뿐만 아니라 이것이 과해져서 그 부족한 점을 통해 자신을 부정적으로 보고, 자신을 비하하는 대상에 대해 의존성을 높이게 되기도 한다. 이를 가스라이팅, 즉 심리적 지배라고 한다. "너는 머리가 나쁘니까 엄마가 시키는 대로 공부해야 해." "너처럼 못생긴 애를 누가 좋아라 하겠니. 나니까 너를 거둔 거야." "무능하고 무책임한 네가 뭘 알겠니. 부모, 선생님이랑 상사 말씀에 무조건 복종해." 이런 말들은 심리적 지배를 만든다. 생각보다 우리가 흔하게 경험하는 말들이다.

부모가 가난한 것에 대해 과하게 부끄러워하고, 모든 삶의 불행을 다 가난 탓으로 돌린다면 아이는 자신의 가난이 드러날까봐 노심초사하게 된다. 가난을 감추는 장치에 집착하게 될 가능성이 높다. 가난을 부끄러워해 자신을 비하하거나, 자식에게는 그 가난을 드러내지 않으려고 제대로 못 먹어도 옷은 비싼 것으로 사 입히는 경우도 있다. 이 경우 의도와는 반대로 가난을 더욱 부정적으로 인식하게 한다.

평범한 외모를 가진 사람들이 계속 관리를 해서 나중에 더 예뻐지는 경우도 있고, 가난에 한이 맺혀 큰돈을 버는 경우도 있다. 결핍을 채우는 활동에 매진하다 보면 과하게 달성하게 되는 일이 흔하다. 다른 사람들은 그에게 찬사를 보낼 것이다. 하지만 이런 마음에 오랫동안 사로잡혀 있었던 사람은 객관적으로 상황이 아무리 좋아지더라도 만족하지 못하는 경향이 크다. 이어린 시절 잡힌 자신에 대한 감정은 생각보다 우리 인생에 오랜 기간 머무른다.

그런데 이것을 얄팍하게 남들에게 보이는 몇 가지로

나와 남을 속일 수 있을까? 우리가 가진 열등감은 타인을 속이는 것으로 해결되지 않는다. 흔히 하는 말로, 남은 속여도 나는 속이지 못하기 때문이다.

게다가 남들은 나에게 별 관심이 없다는 것을 곧 알게 된다. 나는 온 재산을 바쳐서 빚까지 내면서 속이는데 타인은 내가 의도한 만큼 속고 반응해주지 않는다. 내가 소형차를 타고 다니는 것에 괘념하는 사람은 그다지 많지 않고, 내가 명품을 소유하고 고급 차량을 탄다는 이 이유 하나로 나를 대단한 사람으로 여기는 일은 별로 없다.

가난하지 않았던 사람들은 혹은 가난을 부끄러워하지 않은 집에서 자란 사람들은 자신이 부자로 보일지, 가난해 보일지에 그다지 집착하지 않는다. 건강하게 자신이 원하는 것을 일구어갈 뿐이다.

부족하기 때문에 채워야 한다는 것은 나의 주관적인 열등감일 뿐, 모든 다른 이들이 높이 평가하는 부분은 아니다. 그리고 진짜 부자들은 너무 좋은 차를 타고 다니면 보는 눈도 많고, 세무 조사와 같은 번잡스러움을 피하기 위해 오히려 적당히 꺼리는 사람들이 더 많다.

과유불급,
많이 뛰어날수록 더 외롭다

본인이 생각하는 부족한 점만 좋아지면 사람들이 자동적으로 나를 좋아할 것이라는 생각은 보통 착각이다. 돈이 아주 많아지거나 성공을 하면 주변에 나를 좋아하는 사람들이 많아질 것처럼 느껴진다. 그러나 그런 사람들 주변에는 그를 사랑하는 사람들이 아니라 그에게서 돈을 얻어내거나, 그를 속여서 이용하거나, 트집을 잡아 뭐라도 득을 보려는 사람들이 많아진다. 그러다 보니 주변에 일반적인 좋은 관계를 원하는 사람들은 적어지고 본인이 옥석을 가리는 눈도 어두워지게 마련이다.

한 기업가는 돈이 사라지니 친구도 모두 사라졌다고 고백한다. 또 다른 기업가는 "큰 사업 하는 사람들 부러워하지 마라. 큰 걱정 하는 사람이다"라고 이야기했다. 수많은 송사에 걸려 있는 사람들이 대부분이다. 삼성 사옥에 가면 회장, 부회장에게 상욕과 저주를 퍼붓는 플래카드와 확성기를 든 이들이 1년 내내 상주하고 있다.

또 대개 사람들은 너무 과하게 잘난 사람들은 부담스러워하며, 그러다 보니 가까이하지 않으려 한다. 어느 정도 거리를 두고 가끔 만나는 정도로만 지내고 싶어한다. 너무 예쁜 사람 옆에 있으면 외모가 더 비교될 것이며, 오늘 저녁 그 사람의 돈으로 진탕 놀고 들어온 초라한 자신의 공간이 더욱 비참하게 느껴질 수 있기 때문이다. 돈이나 성공에 라이커빌리티가 패키지로 따라오는 것은 아니다. 또한 하나의 부족함이 해소가 된다고 해서 다른 부족함이 안 느껴지는 것도, 그것으로 온전히 내가 위로가 되는 것도 아니다.

나는 주기적으로 스스로 각종 심리 검사로 점검을 하는데, 한번은 우울 지수가 제법 높게 나오고, 360도 피드백에서는 다른 사람들에 비해 스스로를 굉장히 낮게 평가하고 있다는 결과가 나왔다. 나는 그때 꽤 잘나가고 있었다.

너무 놀라 곰곰이 생각해봤다. 나는 당시 모 기업에서 임원 코칭을 많이 하던 중이었다. 내 개인적으로는 십수 년간 들인 공이 드디어 빛을 보고 있었다. 그 일을 하자니 수억에서 수십억 대의 연봉을 받는 내 연배 임원들의 너무나도 훌륭한 면면이 보였다. 우선 능력이 대단했다. 게다가 배도 안 나오고 흐트러짐 없이 잘 관리된 모습, 유머러스하고 겸손하면서 자신감에 꽉 찬 모습, 친절한 매너, 새벽부터 출근해서 오후까지 넘치는 활기까지. 이런 사람들이 이런 자리에 오르는 구나, 이런 분들을 코칭을 하게 되어 영광이다, 그리고 이를 통해 나의 커리어도 성장하는구나 생각하고 있었 다. 아니, 그렇게 믿고 있었다. 그러나 내 정서와 몸은 다른 반응을 보이고 있었다.

실제로 질투는 정신적·신체적 고통을 준다. 특히 이 것은 가까운 사람에게서 느낀다. 하지만 각종 매체의 발달로 예전보다 훨씬 가까워진 스타나 유명인들도 때 론 우리에게 이런 고통을 준다. 내가 아무리 마음을 다 스려도 나는 고통을 받고 있었던 것이다. 하지만 그것 을 무의식적으로 드러내어 판을 망치거나 나쁜 피드백 을 듣는 일은 없었다.

전문가로서 자신감을 가지고 그들을 대했던 나도 그 렇다. 그들이 나에게 한 잘못은 털끝만큼도 없다. 오히 려 그것이 나를 더 힘들게 할 수 있다. 질투를 안 느끼 는 것은 인간으로서 불가능한 일이다. 부모가 자식에 게도 느끼는 것이 질투다.

트라우마 연구자들은 트라우마를 떠올릴 수 있는 상황에 사람들의 신체를 분석해봤다. 공포와 부정적 감정이 일어날 수 있는 상황에 맞닥뜨리게 되면 이를 이성적으로 잘 다스려 본인은 괜찮다고 하더라도 몸은 그 감정을 느낄 때와 동일하게 반응한다는 것을 밝혀냈다. 질투를 느끼지 않는다고 해도 내 몸은 질투를 느낄 때처럼 고통받고 있다.

우리가 스스로 부족하다는 느낌은 사람이라면 다 가지고 있으며, 그것은 아마 영원히 해소되지 않을 수도 있다. 그러니 내가 잘나면 사람들이 나를 좋아할 것이라는 생각은 조금 다른 차원의 일이다. 오히려 그 반대의 현상이 더 자연스럽다. 뛰어난 것이 많을수록 외로워질 수밖에 없는 것이 인간사다. 큰 성공을 거둔 사람치고 외롭지 않은 사람이 없다.

사람들 사이에서 행복을 누리고 싶다면, 최소한 열심히 살아온 내 인생이 다른 사람들에 의해서 무너져 내리는 것을 원치 않는다면, 언젠가 반드시 닥쳐올 큰 역경에서도 살아남기를 원한다면 내가 결핍한 부분에서 원인을 찾는 대신 일반적으로 사람들이 좋아하는 요소들을 갖춰둘 필요가 있다.

누군가가 나를
좋아할 수 있는 이유

그러면 사람들은 어떤 사람들을 좋아하는가? 누군가가 나를 좋아하게 하려면 좋아할 수 있는 이유를 줘야 한다.

우리나라 대중문화 역사상 가장 세계적인 사랑을 받는 이들은 방탄소년단이다. 동아일보 미래전략연구소 소장은 세계적인 팬덤의 주인공인 이들의 성공 요인으로 '잘함과 진정성'을 꼽았다.

그들은 일단 잘한다. 춤도, 노래도, 심지어 소통 활동도 잘한다. 그들은 대중문화에서 줄 수 있는 즐거움, 메시지 등을 진정성 있게 전 세계 젊은이들의 마음에 전한다. 어느 정도 실력이 되지 않아도 어쩌다 한 곡 정도는 히트를 칠 수 있다. 그러나 이렇게 그들이 장수를 할 수 있는 이유는 기본적으로 '잘하기' 때문이다.

이런 것이 없이 누군가의 마음을 샀다면 그것은 미혹에 그친다. 짧은 순간 마음을 사로잡을 수는 있겠지만, 오래가지 못한다. 사실 라이커빌리티와 러버빌리티 모두 일정한 매력과 능력을 기본으로 한다. 이것이 없이는 무엇도 견인하기 어렵다.

수많은 자기 계발서와 전문가들이 매력과 능력에 관해 이미 많은 이야기를 다뤘다. 자기계발 부분은 다른 맥락에서 기본으로 두고, 사회적 존재로서 라이커빌리티를 올리는 호감 부분에 초점을 맞춰보자. 이성에 대한 호감 등 두루두루 호감에 대한 사회심리학적 연구를 보면 몇 가지를 유추해볼 수 있다.

우선 '좋아함의 원천'이라고 여겨지는 남녀 간의 호감에 관한 연구를 들여다보자. 남녀가 사랑에 빠지는데 가장 중요한 요소가 무엇일까? 외모? 성격? 의외로 사랑에 빠지는 제1요소는 '지역적 가까움'이다. 사람들은 가까이 사는 사람을 좋아한다. '눈에서 멀어지면 마음에서도 멀어진다'는 격언처럼 사람들은 자주 볼 수 있는 여건이 있는 사람들과 사랑에 빠지게 된다. 또한 지역적으로 가깝다는 것은 많은 면에서 공통점을 찾아볼 수 있다.

이런 데서 유래한 '유사성'도 사람들에게 호감을 불러일으킨다. 지역 정서가 비슷해서 좋아하는 음악이나 음식 취향이 비슷할 수도 있다. 또한 가까이 살기 때문에 같은 학교를 나왔거나 한 다리만 건너면 아는 사람들이 많을 때도 호감이 생긴다. 자주 가는 상점, 좋아하는 산책로가 같을 때 우연히 마주치거나, 가볍게 함께 가보자고 제안을 하기도 좋다. 이런 사람들끼리 호감을 가지게 된다.

바로 이것이 사회에서 학연, 지연을 따지고 사람들이 소개팅에서 서로의 호구조사에 열을 올리는 이유다. 서로 좋아할 만한 이유를 찾는 것이다. 그러니 자신의 현재나 과거의 지리적 위치를 공개하는 것을 꺼리지 않고, 활동 범위가 넓고 많은 사람들과 거리상 가까운 곳에 사는 사람이 라이커블해지기 쉽다.

'신체적 매력'은 호감의 아주 중요한 요소다. '잘생겼다'는 사람들의 기준은 익숙함이다. 따라서 시대와 문화 환경에 따라서 이 신체적 매력은 계속 바뀌어왔다. '부부는 살면서 닮아가는 것이 아니라 처음부터 닮은 외모에 호감을 갖는다'는 가설이 여러 연구를 통해 지지를 받고 있다.

영아들을 대상으로 실험을 해봤을 때 여러 인물 사진 중 시선이 가장 오래 머무는 사진이 장동건 씨 얼굴 사진이었다. 우리는 이미 타고날 때 여러 가지 요인으로(칼 융은 이것을 집단 무의식이라고 했다) 익숙한 얼굴에 호감을 가지게 된다. 따라서 개성이 강한 얼굴보다는 익숙함이 많은 얼굴에 호감을 갖는다. 미남·미녀는 이 익숙함의 절정이다.

미남·미녀가 아니어도 방법은 있다. 그래서 평범한 얼굴도 자꾸 보다 보면 잘생겨 보이는 현상이 일어나게 된다. 실제로 잦은 노출로 인해 익숙해지면 신체적 매력을 느끼게 된다.

자꾸 보면 정드는 건 맞다. 흔히들 '훈남' '훈녀'라는 표현을 쓰는데, 좋은 이야기로 자주 보다 보면 처음보다 외모에 더 좋은 평가를 하게 된다. 그러니 너무 튀지 않는 익숙한 신체적 매력이 있을 때, 혹은 자주 사람들에게 좋은 이야기와 함께 많이 노출된다면 사람들이 더 좋아하게 된다.

외국 영화에 보면 강아지와 산책을 하다가 인연이 맺어지는 일들이 나오는데, 이는 충분히 가능하다. 게다가 거의 정해진 시간에, 그리고 강아지들에 관해서 자연스럽게 대화를 하게 되면 없던 신체적 매력도 생기게 된다. 이것은 외모 지상주의도 아니고, 남녀 차별도 아니다. 사람의 심리를 이야기하는 데는 이런 정치적 옳음(political correctness)은 없다. 오히려 자연스러운 심리에 이성적 의도가 개입해 심리에 영향을 미치는 것이 정치적 옳음의 역할이다. 이것을 알고 상황에 따라서 잘 처신하면 된다.

사람들은 수많은 상황에서 외모에 흔들린다. 유치원 아이들도 예쁜 선생님에게 더 오래 집중하고 그의 말을 더 귀 기울여 듣는다. 나이가 들어 짝짓기의 시절이 되면 그 정도는 더욱 커진다. 남성은 여성이 배란기일 때의 외모에 더욱 큰 매력을 느끼며, 여성은 자신도 모르게 배란기일 때 걸음걸이나 몸의 자세가 이성의 호감을 더 불러일으키게 변한다.

정치인들도 마찬가지다. 오바마 대통령은 국면 전환이 필요한 시기에 해변에서 멋진 몸매를 드러내며 그 시기를 돌파했다. 우리나라 정치인도 선거 때뿐만 아니라 평소에도 남녀 가리지 않고 메이크업과 외모 관리를 받고 있다.

아무리 이런 태세를 비판해도 소용없다. 머리로는 외모 때문에 마음이 끌려서는 안 된다고 하지만, 머릿속에서 다른 이유를 만들어서 결국 더 마음에 드는 외모를 가진 사람을 지지하게 되는 것이다. 나를 좋아하기를 바란다고 하면서 외모에 아무런 신경을 쓰지 않고, 세상이 불공정하다고 아무리 불평해도 달라지는 것은 없다.

그렇다고 우리가 다 모델이나 배우처럼 근사하게 생겨야 하는 것은 아니다. 오히려 너무 훌륭한 외모는 질투의 대상이 된다. 할 수 있는 한 최대한 자신을 가꾸고 외모에 신경을 쓰는 일이 필요하다. 소위 '강남 미녀'라고 하는 지독하게 인위적인 얼굴은 익숙함과 거리가 멀고, 따라서 사람들에게 호감을 불러일으키지 못한다.

인기를 끄는 가상 인간은 비현실적으로 예쁘고 잘생긴 얼굴이 아니다. 오히려 가장 나와 비슷하고 평범한 인간이다. 만약 얼굴이 매력적이지 못하면, 웃으면 된다. 사람들은 웃는 얼굴을 선호한다. 언론에서 지지하는 정당의 대선 후보를 밀어주는 것은 지지 후보의 웃는 사진을 자꾸 보여주는 것이다.

사람들은 만났을 때 보상이 있는 사람을 좋아한다. 나에게 무언가를 제공해줄 수 있는 사람을 좋아한다. 그중 최고는 유쾌함이다. 유머는 아주 훌륭한 매력이 된다. 입담이 좋거나 유머 감각이 있어서 함께 있으면 웃을 일이 많다면 이것은 최고의 보상이 된다.

가수 윤종신 씨는 장항준 감독이 젊은 시절부터, 장 감독의 부인인 김은희 작가가 큰 성공을 거두기 전까지 그들을 물심양면으로 거의 20여 년을 돌봤다. 윤종신 씨는 그 이유를 "웃기니까"라고 답한다. 함께할 때 많이 웃을 수 있다는 것은 크나큰 매력이다. 먹고사는 문제가 해결된 선진국 여성들의 이상형 1위는 능력 있는 사람이 아니라 유머가 있는 사람이다. (물론 남자들의 여성 이상형에서는 '외모'가 1위다.)

사람들은 나를 만나면 자신들의 고민을 털어놓는다. 특히 자녀 고민을 많이 이야기한다. 내가 제법 해줄 수 있는 이야기들이 있다. 맛있고 기분 좋은 음식점을 많이 아는 사람을 알면 그와 함께하는 저녁이 무조건 행복해질 수 있다. 요리를 해주거나 만날 때마다 작은 선물이나 이벤트를 해주는 것도 좋다.

사람들은 자신을 좋아하는 사람을 좋아한다. 사람은 누구나 자신을 있는 그대로 수용하고 긍정적으로 받아들이는 사람에게 편안한 감정을 느끼며, 더 가깝게 지내고 싶고, 더 호의를 베풀고 싶어한다. 그러므로 내가 다른 사람들에게 어떤 마음으로 다가가는지도 매우 중요하다.

사람들은 성공의 수단이나 인맥 자랑의 수단, 혹은 내가 베푸는 어떤 것에만 관심을 가지고 다가오는 사람들에게는 마음을 열지 않는다. 재벌이나 최고의 권력자가 자신을 있는 그대로를 사랑해주는 사람을 찾기 위해 일반인 흉내를 내다가 나중에 극적으로 자신의 존재를 알리는 상투적인 이야기가 21세기에도 여전히 반복되는 것을 보면 인간의 마음은 다 똑같다.

인맥을 만들기 위해 다양한 모임에 가담하는 사람들이 있다. 결코 양이 질을 따라오지 못한다. 많이만 알고 좋아할 만한 포인트가 없는 사람이라면 사람들은 그 사람을 기억하지 않고, 그 사람이 도움을 요청할 때 적당한 핑계를 대며 회피한다. 더욱이 자신을 이용하려고 다가오는 사람에게 진심을 다하는 사람은 없을 것이다.

그러나 아무런 이해관계 없이 만났더라도 사람을 인간 대 인간으로 좋아할 줄 아는 사람, 사람들이 좋아할 만한 사람이라면 아는 사람이 많지 않아도 된다. 소수일지라도 나의 중요한 인맥이 될 가능성이 높기 때문이다. 내가 도움이 필요할 때, 사람들이 알아서 나에게 도움을 주기 위해 그 인맥이 자기 지인들을 동원할 가능성이 높다. 얼마나 많은 사람들의 명함을 가지고 있느냐보다 더 중요한 것은 내가 그들에게 어떤 사람으로 입력되었는가 하는 것이다.

플러스와 마이너스의 적절한 조합이 중요하다

만약 사람들이 좋아할 만한 점이 없으면 어떻게 하냐고? 괜찮다. 아니, 더 좋다. 부족한 면은 취약성과 만만함을 만들고 그것이 반대로 매력요소가 된다. 내가 사실 가장 좋아하는 전략은 이 중 한두 가지를 두드러지게 하고 나머지 부분은 모두 취약한 부분으로 두는 것이다. 아니면 부족한 면을 있는 그대로 드러내고 남들이 놀리도록 내버려두는 것이다. 너무 예쁜데 좀 멍청하거나, 똑똑한데 못생기거나, 너무 잘생겼는데 패션 센스가 하나도 없거나, 강남 한복판에 살면서 단벌신사로 살거나, 부자인데 다른 사람들에게 쉽게 이용당하는 호구라면 가까이 두기에 부담 없지 않은가?

방탄소년단의 성공에는 '아미'라고 하는 팬클럽

이 중요한 역할을 했다. 이 팬클럽은 전 세계적으로 K-POP 열풍을 일으키는 데 큰 역할을 한 혁신적 시스템이다.

보통 아티스트의 소속사에서 팬클럽을 관리해준다. 하지만 아미는 자생적으로 생겨난 팬클럽이고, 소속사에서 관리하지 않는다. 소속사에서 관리되는 팬클럽은 각 지역별 팬클럽끼리 경쟁을 하고 갈등을 빚는 경우가 있지만, 이 아미는 전 세계 아미가 하나로 뭉친다는 특장점을 가진다. 전혀 인위적이지 않고 자생적이며 자율적인 이 그룹은 그저 방탄소년단을 있는 그대로 좋아한다. 독점하려 하지 않는다.

방탄소년단은 공감할 만한 메시지가 담긴 좋은 노래에 멋진 퍼포먼스를 선사한다. 그러나 과연 그것만으로, 아미의 도움 없이 방탄소년단이 세계 최고가 될 수 있었을까? 이 아미들은 자체적으로 KPI(Key Performance Index: 주요 성과 지표)를 설정한다. 그들은 신곡이 나오면 빌보드 차트 1위에 진입을 시킨다든가 유튜브 조회 수를 얼마로 만든다든가 등의 자체적인 목표를 세우고 전 아미가 목표를 위해 매진한다. 집에 10대 소녀가 있다면 듣지도 않으면서 방탄소년단의 노래를 스트리

밍하거나 유튜브 영상을 자동재생시키고 있는 것을 쉽게 목격할 수 있다.

이런 행동을 이끌어내는 것은 그들이 가진 매력 요소의 적절한 조합이다. 방탄소년단은 잘한다. 하지만 그들은 영어를 잘하지도 않고, 미국 출신도 아니다. 미국 토크쇼에 빈번하게 출연하지만 대화가 가능한 사람은 한 사람뿐이고, 그의 영어도 완벽하지 않다. 가끔 동문서답을 하기도 하고, 다른 멤버들이 어쩔 수 없이 짧은 영어로 수줍게 대답을 하는 모습을 보여주기도 한다. 충분히 연습을 했겠지만, 노래 속의 영어 발음도 완벽하지 않다. 그리고 음악과는 별개로 그들이 팬들과 공유하는 콘텐츠들을 면면이 들여다보면 세계적인 수준의 퀄리티를 가지고 있지도 않다.

초기에는 말 그대로 가내 수공업 수준의 자체 제작 콘텐츠로 인기를 끌었다. 좁은 숙소에서 야식을 나눠 먹거나, 고된 연습을 하며 서로 장난을 치는 모습들이 주 콘텐츠였다. 대신 거의 매일 올려서 '덕질'하기 좋은 가수, 개인적으로 연결되는 듯한 느낌으로 사람들을 불러 모았다. 그들이 음악계 그 어느 곳에서도 환영받지 못하고 있을 때, 그들을 먼저 알아본 것은 외국에 있는 '스스로 소외되었다'고 느끼는 이들이었다. 그들은 동병상련을 느끼고 그들과 공감하고 함께 성장하기로 한다. 그 이후 팬덤이 주류로 확산되었다. 비주류가 키운 주류인 것이다.

세계적 수준에서 방탄소년단은 완벽하지 않다. 특히 팝 음악의 가장 큰 시장인 미국이나 영국의 엄청난 자본과 최고의 전문성의 집합이 만든 콘텐츠를 능가할 수 있는 그 어떤 것도 가지고 있지 않다. 그저 젊은 청년들의 피와 땀, 눈물이 서려 오히려 수수해 보이기까지 하다. 가장 큰 시장에서의 지역적 접근성도 낮고, 외국인들 눈에 완벽한 외모를 갖지도 않았다. 오히려 자주 노출해 호감을 가지게 했다. 최선에 최선을 다해 노력하는 모습을 여과 없이 보여주며, 그들의 결과가 노력의 결과이지 본인들이 천재라고 과시하지 않는다. 그런 친근함이 오히려 세계적인 인기를 만들어낸 것이다.

게다가 이 정도 인기를 누리면 반드시 등장하는 라이벌이라든가 그들을 음해하거나 끌어내리려는 세력들도 아직은 보이지 않는다. 플러스와 마이너스의 적절한 조합이 관건이다.

사랑의 조건

🦅 애착

사람들은 나를 좋아하는 사람을 좋아한다. 라이커블한 것은 좋아할 만한 것, 그리고 누군가를 잘 좋아하는 것 모두 포함한다. 그러니 내가 남을 좋아하는 것도 라이커빌리티의 조건이다.

사랑을 하는 데도 능력이 필요하다. 사랑은 본능인 것이 맞는 것 같은데, 사랑도 더 잘할 수 있는 사람들이 있다. 사람은 양육으로 키워낼 수 있는 한계는 있지만 망가뜨릴 수 있는 한계에 대한 의문은 남는다. 요즘 젊은 세대들이 보는 드라마나 영화 속에는 남녀 간의 사랑에 부모가 꽤 중요한 역할을 한다.

드라마 〈사이코지만 괜찮아〉는 부모로부터 받은 상처 때문에 온전히 자신의 삶을 살아가기도 버거운, 그리고 타인과의 관계, 더 나아가 이성 간의 관계도 서툰 성인들의 치유 스토리다. 결국은 건강한 부모 자식 간의 관계를 경험한 사람이 건강한 남녀 간의 사랑을 할 수 있다.

예일대학교의 사랑에 관한 연구팀은 사랑을 할 수

있는 조건, 즉 남녀 간의 사랑의 선행 조건을 제시한다. 사랑도 아무나 하는 것이 아니라 능력이 있어야 한단다. 이는 남녀관계뿐만 아니라 일반적인 인간관계에서도 유효하다. 사랑은 상대가 있느냐의 문제가 아니라 내가 먼저 준비가 되어야 하는 영역이기도 하다. 내가 사랑스러운, 그리고 사랑을 줄 수 있는 사람이 되어야 한다. 그럼 '준비'란 무엇인가?

첫 번째로 살펴봐야 할 것은 애착유형이다. 부모와의 애착관계를 잘 형성한 사람들이 사랑을 해낼 수 있다는 뜻이다. 부모에게 무조건적인 사랑과 더불어 욕구를 충족시켜주는 좋은 돌봄을 받은 사람들은 사랑을 주고받는 데 무리가 없다. 세상은 나를 반겨준다고 믿고, 관계에 자신감이 있다. 친밀한 관계가 맺어진 상태에서는 상대방이 내 눈앞에 보이지 않아도 그에 대한 인간적인 믿음이 있고, 어려움이 있어도 결국에는 그것을 잘 극복하고 관계가 유지되고 발전될 것이라는 무의식적 안정감을 갖는다. 이를 안정형이라고 하고, 그렇지 않은 유형은 불안형과 회피형으로 나눈다.

불안형들은 감정 기복이 심한 부모의 변덕스러운 관심과 돌봄에 늘 불안을 느끼며 자라왔다. 딱히 이유도 없이 한 번씩 잘해주는 부모를 보면서, 자녀는 부모가 자신에게 잘해주지 않을 때도 부모에게 매달린다. 하지만 변덕스러운 부모는 그런 행동을 받아주지 못하고, 자녀는 깊은 상처를 받는다.

불안형들은 다른 사람에게도 아주 사소한 일에 과도하게 의미 부여를 하며 불안을 느끼고, 상대에게 집착하게 된다. 그들이 좋아하는 상대는 긍정적으로 바라보는 반면 본인에 대해서는 부정적인 상을 가진다. 그러다 보니 잘난 상대가 못난 나를 버리고 떠날까봐 전전긍긍하게 되고 집착하는 행동들을 하게 된다. 그러다가 이런 집착을 견디다 못해 떠나는 이를 보면 "역시 나는 사랑받을 만한 사람이 아닌가봐"하며 자신을 비하하고, 다음 관계에는 더욱 큰 집착을 드러내기도 한다. 혹은 그 사람이 자신을 버릴까봐 일방적으로 무조건 퍼주다가 버림받을 것이 두려워 먼저 냉정하게 떠나기도 한다.

반면, 이런 가끔 잘해주는 모습도 없이 일관된 무관심 속에 충분한 돌봄을 받지 못하며 자란 이들은 회피형이 된다. 그들은 어린 시절부터 부모의 무관심에 상처받지 않기 위해 "나도 너 안 좋아해. 상관없어"라고 마음을 닫고 친밀한 관계를 회피하게 된다. 이들은 다른 사람이 자신을 좋아하든지 말든지 상관없다고 한다. 하지만 이것은 강한 열망의 좌절로 인한 자포자기 상태다. 정말 다른 사람들과의 좋은 관계가 다 필요 없는 사람은 없다. 그저 두려워서 회피하는 것뿐이다.

이들은 사랑하는 사람과 시간과 마음을 나누는 일을 의미 없다고 생각하고, 그것에 실제로 큰 의미를 두지 않는다. 쿨하고 혼자서도 잘 사는 것처럼 보인다. 그리고 실제로 그럴 수도 있다.

회피형인 그들은 남들이 나를 좋아하는 것에 일부러 관심을 두지 않는다. 그러면 사랑받지 못하는 것에서 오는 좌절을 느낄 필요도 없기 때문이다. 그리고 이렇게 성장하는 과정에서 그들은 다른 사람들과 친밀한 관계를 맺는 것을 배우거나 연습을 제대로 하지 못한 경우가 많다. 따라서 성인이 되었을 때는 정작 무엇을 못하는지를 모른다. "친구와 친하게 지내라" "가족에게 사랑을 표현해주세요"라고 하는 말들은 공부를 해본 적도 없는 사람에게 공부를 열심히 하라고 하는 것과 같다. 순수하게 방법을 모른다.

이 2가지를 다 가진 혼란형도 있다. 부모로부터 전

혀 돌봄을 받지 못하고, 오히려 학대를 받고 자란 이들은 부모의 돌봄이 필요하나 다가가면 자신을 학대하고 상처를 줬던 부모에 대해 강력한 양가감정(질적으로 상반된 감정을 동시에 느끼는 것)을 가진다. 그들은 열망하면서도 두려워한다. 거의 모든 관계에서 일관성이 없고, 남을 신뢰하지 않으며, 남에게 신뢰를 주지도 못한다. 강한 애착을 드러내다가 갑자기 분노하고 그 자리를 회피해버리거나 아무 생각 없이 멍하니 있는 상반된 행동을 보여 상대를 혼란스럽게 한다. 하지만 이는 본인 스스로도 감정을 인지하고 표현하는 데 매우 큰 혼란을 느끼기 때문이다.

간단히 말하면, 혼란형은 사람들과 가까워지고 싶지만 멀어지고 싶어한다. 사랑과 돌봄이 필요해서 가까워지고 싶지만, 다가가면 학대를 받을 것이 두려워 멀어지고 싶은 것이다. 이런 혼란형의 사람들은 행동 학습과 더불어 근본적인 치유가 먼저 선행되어야 한다.

안정형을 제외한 유형들은 일반적인 인간관계에서도 큰 어려움을 겪는다. 홀로 너무 열정적으로 희생하다가 상처받는 사람들, 마음을 주고받지 않고 피상적인 관계만을 하는 사람들, 혹은 이 2가지를 다 하는 사람들의 사랑은 험난한 과정이 된다. 그리고 이것은 절망스럽게도 일반적 인간관계에서도 드러난다.

부모에게 온전히 사랑받지 못한 것도 억울한데, 이 짐을 평생 다른 관계에서마저 반복해야 하는 것이 인간의 무서운 숙명처럼 느껴지기도 한다. 하지만 이 역시 전문가의 도움과 스스로의 노력으로 좋아질 수 있고, 나 역시 그런 사람들을 많이 만났다.

사랑의 조건
> 자기 개방 능력과 형평성

두 번째로 중요한 요소는 자기 개방 능력이다. 사람들은 자신의 생각이나 정서를 솔직하게 표현할 수 있을 때 사람들과 친밀한 관계를 맺을 수 있다. 나에게 맞춰준다고 하면서 자신의 감정과 생각을 표현하지 않는 친절한 사람은 교감을 중시하는 관계에서는 좋아하기 어렵다. 누구에게나 친절한 만큼 나에게 친절한 사람에게 특별한 감정을 갖기 어렵다.

또한 그 사람의 말이 거짓이나 나를 만족시키기 위한

가식이라는 느낌은 라이커빌리티에 전혀 도움이 되지 않는다. 긍정적인 그리고 부정적인 생각과 감정을 솔직하게 털어놓을 수 있는 자기 개방 능력이 라이커빌리티의 한 요소가 된다.

몇 년간 각종 매체를 포함해 종횡무진하고 있는 백종원 씨는 다양한 자신의 감정과 생각을 세련되게 드러낸다. 우선 그는 음식 앞에서 솔직하다. 맛이 있으면 있다고 극찬을 하고, 아쉬우면 아쉬운 대로 그것을 그대로 표현한다. 그가 맛이 없는데 있다고 말할 것 같은 느낌은 없다. 또한 그는 요식업을 하는 이들의 멘토로서 칭찬도 아낌없이 하고, 질타도 아낌없이 한다. 자신은 요리사가 아니며, 음식을 좋아하는 요식업 사업가라고 말하며 정체성을 과대 포장하려 하지 않는다.

음식에 설탕을 넣으면 맛있어진다는 것은 누구나 알고 있지만 말하기 어렵다. 조미료를 넣으면 맛이 확 좋아지지만 전문가가 말하기에는 자존심이 상한다. 요리 전문가들이라면 더욱 그렇다. 그들은 보통 일반인들은 흉내낼 수 없는 대단한 비법과 재료가 있는 것처럼 행동한다. 그러나 그는 맛이 없으면 설탕이나 조미료를 넣으라고 말한다.

그의 솔직함에 사람들의 마음이 녹아내렸다. 국회에 가서는 사업가로서의 쓴소리도 마다하지 않는다. 과거 사업 실패의 경험부터 결혼과 관련된 각종 루머, 현재 그가 가진 화려한 인맥까지 숨기지 않는다. 그의 가족, 그의 집은 거의 모두 공개되었다.

이렇게 매력적인 사람이 마흔이 넘어서까지 결혼을 못했었다는 것도, 한때 수십억의 빚을 졌던 과거에 대해서도 솔직히 말한다. 사학 명문가 출신에 명문대를 나온 것도, 대표 재벌과 친한 사이인 것도 너무나도 많이 알려져 있다. 낙차가 매우 큰 플러스 마이너스가 모두 뒤엉킨 그의 정체성은 적당히 버무려져 라이커빌리티를 만들어냈다. 그리고 이것이 표리부동한 것이 아니라면, 이 라이커빌리티의 생명은 오래갈 것이다.

부부의 본질을 한 전문가는 '친밀감'으로 보고 있다. 다른 그 누구와의 관계에서도 느낄 수 없는 가까움이 느껴지는 감정이다. 이 친밀감은 자기 개방성이 있을 때만 가능하다. 요즘은 유명한 사람들도 SNS를 통해 대중들과 이런 친밀감을 만들어나가고 있고, 백종원 씨도 그런 사람 중 하나일 것이다. 이 정도로 극적이지 않아도 자연스럽게 가감 없이 '나'임을 개방하면 보통 사람들은 라이커빌리티를 형성할 수 있다.

마지막으로, 어떤 관계든 형평성이 필요요하다. 사랑에도 공정이 필요하다. 일방의 희생을 강요하거나 일방적으로 희생하는 것은 결코 건강한 관계가 아니다. 개인의 정신적 문제로 그런 관계를 맺는 사람들은 우리 논의에서 제외한다. 사람들은 기본적으로 상호 호혜의 원칙에 따라 움직인다.

관계 안에서 너무 홀로 혜택을 많이 누리는 것도, 너무 희생하는 것도 좋지 못하다. 라이커빌리티는 이 2가지의 균형이 맞아야 한다. 나에게 잘해주는 사람도, 그것을 당연하게만 받아들이고 돌려주는 것이 없다면 결국 그 관계는 베풀던 쪽에서 끝을 내게 된다.

부부가 싸운 적이 없다고 하는 경우가 있다. 전문가들은 이 경우 한 사람이 일방적인 희생을 하는 경우라고 한다. 물론 예외적인 경우도 있겠지만, 이런 관계는 일방적인 희생을 하던 사람이 더 이상 견디지 못하면 그 관계는 돌이킬 수 없는 강을 건너게 된다. 어제까지 잉꼬부부인 양 보였던 사람들이 이혼을 한다는 소식이 놀랍지 않은 이유다.

지금까지 이야기한 사랑의 조건 3가지는 단순히 남

녀관계가 아니라 일반적인 인간관계에 모두 필요한 요소다. 농도만 다를 뿐이다. 인간관계라고 하는 것은 결국 부모와의 관계에서 시작되고, 그것이 이후의 삶에 다른 사람의 관계를 맺는 하나의 패턴으로 자리 잡는다. 다른 집에서는 사람들이 어떻게 양육되는지 모르기 때문에 자신이 잘못 양육된지도 모르고, 그것이 '보통'이라고 알고 살아간다. 하지만 내가 관계에 어려움을 겪고 있다면 전문가의 도움을 받아보면 좋겠다. 그 보통이 보통이 아닌 경우가 많다.

아무리 예쁜 얼굴도 큰 상처가 있다면 예뻐 보이기 어렵다. 어느 정도 내 상처가 아물고 흉터도 옅어질 때 진정한 관계를 만들 수 있을 것이다. 이런 과거를 무시한 채, 지금 몇 가지 말과 행동만을 가지고 사람들에게 호감을 사는 것이 가능하다고 이야기하고 싶지 않다.

부모와의 관계는 우리가 생각하는 것보다 우리 인생에 더 큰 영향을 끼치고 있다. 반대로 내가 부모라면 나의 말과 행동이 아이의 미래의 관계들을 프로그래밍하고 있음을 자각해야만 한다. 이것은 단순히 라이커빌리티의 문제가 아닐 수 있다.

진짜 좋은 사람이 되는 것

🍃 자아 분화

　사람들은 내가 맞춰줘야 상대가 나를 좋아한다고 생각하곤 한다. 일정 부분 동의한다. 하지만 이런 행태가 반복된다면 이것은 상호 호혜 원칙에 맞지도 않고, 한계가 있게 마련이다. 오래 지속되기 어렵다. 가면을 쓴 삶은 생각보다 많은 에너지를 필요로 한다. 자신을 부정하는 것, 그리고 갖지 못한 것을 열망하는 것이 하루 종일 에너지를 잡아먹는다. 각종 정신 질환이 따라오기도 한다.

　따라서 아무리 완벽한 연기를 한다고 하더라도, 라이커블하지 못한 인생보다 결코 나은 인생이라고 보기 어려울 지경이다. 라이커블함을 연기하는 것보다 진짜 좋은 사람이 되면 된다.

　사실은 생각보다 사람들은 '완벽한 사람들을 좋아하지 않는다'고 누차 말하고 있다. 완벽한 척을 해서 사람들에게 받는 미움이 더 클 수도 있다. 오히려 가감 없이 자신을 드러낼 때, 그리고 라이커블해지기 위해서 노력할 때 사람들은 더욱 큰 긍정적인 감정을 나에게 가지게 될 수도 있다. 따라서 앞에 소개한 백종원 씨의 예시처럼 라이커빌리티는 나를 버리는 것을 전제하지 않는다. 오히려 있는 그대로 사람들에게 투명하게 보일 때 라이커빌리티가 높아진다.

신비로움은 스타들에게나 필요한 덕목이다. 사람들은 예측 가능한 사람을 좋아한다. 즉 생각과 말과 행동이 일치하는 사람들을 안전하다고 인식하고 좋아하게 된다. 물론 생각과 말과 행동이 그 사람 안에서는 일치하지만 내가 좋아하는 것이 아니라면 멀리하면 되고, 관심을 두지 않으면 그만이다.

나 역시 마찬가지다. 내가 모든 사람을 다 좋아하지 않는 것처럼 모든 사람이 나를 좋아할 필요가 없다. 그렇다고 배척할 필요는 없다. 우리는 다만 성숙한 인간으로 성장하는 것이 필요하다.

우리는 '자아 분화'라는 성숙의 과정을 거쳐야 하는데, 이것은 나와 타인을 차별화하는 것이다. 태어나서 부모에게 의존하고 자아를 갖지 못하던 존재가 성장을 하면서 나도 있고, 너도 있고, 우리도 있는 건강한 분화의 과정을 겪어야 한다. 그렇지 못하면 관계에 지나치게 의존(미분화)하거나, 자신에게 지나치게 집중(과분화)하는 현상들이 나온다. 부모 자식, 혹은 연인 등 나와 아주 가까운 사람이라도 내가 아님을 알고 그를 존중하고 우리로 묶어서 볼 수도 있는 건강한 연결된 분리를 할 줄 알아야 한다.

상대가 나의 입안의 혀처럼 굴어주기를 바라는 이들이 있다. 남에게 나의 모든 것을 헌신해 내가 그의 부속품이 되기를 바라는 이들도 있다. 모두 이 자아 분화가 건강하게 일어나지 않은 것이다. 자신의 성공이 부인의 성공이라고 여기며 자신을 위해 희생할 것을 요구하는 남편, 아이의 성적이 자신의 성적표라고 여겨 헌신하는 엄마, 자식이 결혼을 했어도 자신을 돌봐야 한다고 여기는 부모, 그런 부모 때문에 부부싸움을 하는 이들. 모두 이 자아 분화가 건강하게 일어나지 않은 것이다.

서로의 성장과 행복을 위해서 배려하고 응원하고 지원을 아끼지 않는 것이 가족이다. 그러나 이것은 각자 독립된 개체로서 자신과 가족구성원 개개인에 대한 존중이 동시에 있을 때에만 건강한 것이다.

이는 개개인뿐만 아니라 문화마다 차이가 있는데, 어떤 문화권에서는 이 구분이 철저하다. 부모와 자식도 서로의 다름을 존중하고 그들의 인생을 있는 그대로 수용하는 것이다. 또한 상황과도 철저히 분리가 된다.

프랑스는 이 분화가 많이 진행된 사회이다. 그들은 다름에 대한 인내, 똘레랑스(tolérance) 개념이 사회적으로 발달되어 있다. 태생과 성장 배경이, 생각하는 방식이, 신념이 다르더라도 서로 인내하고 내가 존중받고 싶은 만큼 남도 존중하자는 취지다.

상황과 분리도 그렇다. 서구권에서는 대통령 등의 국가 지도자의 사생활을 공적인 자아와 분리한다. 프랑스에서는 사르코치, 올랑드, 마크롱 대통령 등의 불륜이 대단한 기삿거리도 아니다. 심지어 임기중 불륜을 저지르건 이혼을 하건, 국정혼란이나 그에 대한 국민들의 항의는 없었다.

심지어 올랑드 대통령은 불륜 사건 이후 지지율이 상승하기까지 했고, 친구 엄마와의 불륜으로 결국 결혼까지 한 마크롱 대통령은 이 모든 것이 드러난 가운데에도 대통령에 당선되었다. 대통령은 대통령직만 잘 수행하면 된다는 거다.

그런데 우리나라도 이런 방향으로 변화하고 있다. 예전에는 유명인의 사생활이 그의 공적인 부분에 지대한 영향을 끼쳤다. 여성 배우들은 결혼을 하면 은퇴를 하기도 했다. 극중 역할과 배우를 구분하지 않아 악역을 맡으면 시장에서 사람들에게 몰매를 맞기도 했다. 그러나 이런 사회적 분위기는 바뀌어가고 있다.

윤여정 배우가 결혼과 이혼을 할 당시에는 그녀의 배우 커리어가 끊겼다고 생각을 했다. 그러나 지금은 배우의 결혼과 이혼이 커리어에 끼치는 부정적 영향은 제한적이다. 일반인이 극중 역할과 배우의 삶을 혼동하는 일도 없다. 그러나 정치인의 경우 개인 사생활이 아직도 정치생명에 주요 요소인 것은 맞는 것 같다. 사생활의 잡음을 가진 누군가가 대통령이 된다면, 그것은 우리 사회가 분화 문제의 숙제를 단계적으로 풀어가는 과정이라고 이해될 수 있을 것 같다.

앞으로 우리 사회는 이 분화가 계속적으로 이루어질 것으로 보인다. 더 이상 남들이 보는 시선에 지나치게 연연할 필요는 없다. 우리는 그저 좋은 사람이면 되고, 참 나로 살아가고, 관계에는 그 관계에서 요구되는 정도의 친밀함과 친절을 유지하면서 살아가면 된다. 친절하기 위해서 그 사람을 좋아할 필요는 없다. 또한 나의 일과 직장에서 고객들과의 관계 등 분화해야 할 것은 분화를 해야 한다.

나는 '매사에 진심을 다한다'는 말을 좋아하지 않는다. 사람은 그렇게 진심을 많이 가지고 있지 않기 때문이다. 그리고 우리는 우리가 하는 모든 일과 우리가 상대하는 모든 사람을 진심으로 좋아하지 않는다. 오히려 이런 진심의 남발 때문에 정말 진심을 다해야 하는 관계나 일을 소홀히 하는 경향이 있다. 또한 좋아하지 않는 일은 진심이 없기 때문에 대충 해야만 하고, 진심으로 좋아하지 않는 사람에게는 불친절해야 하는 것이다.

나에게 "코치로서 에너지가 떨어지는 날에는 어떻게 코칭을 하나"고 질문하는 분들이 있다. 나도 그런 날이 있다. 나도 어머니가 암 진단을 받아도 예약된 코칭을 해야 하고, 딸아이가 열망하던 학교에서 불합격 통보를 받은 날도 웃으며 강의는 해야 한다. 나는 그럴 때면 기술로, 전문성으로 한다고 대답한다. 그리고 프로페셔널이라면 진심을 다하지 않아도 일정 수준 이상의 결과를 낸다.

모든 서비스업 종사자가 개개인의 고객에게 진심으로 감사하며, 좋아하며 서비스를 해야 한다는 것은 말이 안 된다. 그 사람은 자신의 직업에 충실하고 그 선에서 필요한 감정과 기술을 사용하면 되는 것이다. 우리는 언제 다시 볼 줄 모르는 고객들을 만족시키는 것보다 내가 내 일에 충실하고 내가 직업인으로서 한 단계 성장하는 의미에서 그들의 만족도를 끌어내야 하는 것이다. 즉 원원하는 것이 필요하다. 내가 인간으로서 낮추거나 희생하는 것이 아니다.

사회성
🍃 타인의 감정을 잘 고려하기

내가 이런 말을 하면 그건 가식이라며 즉각적으로 반발하는 사람들이 있다. 진정성이 없다고 한다. 그러나 자신의 감정에 충실해서 그것을 다른 사람에게 있는 그대로 드러내는 것은 진정성이 있는 것이 아니라 유아적인 것이다. 성인이 사회관계에서 그 파장은 생각지도 않은 채 있는 그대로 감정과 생각을 드러내는 것은 미성숙한 태도이며, 사회성이 발달하지 않은 것이다.

인간은 실제 생각과 느낌을 다 드러내면서 사는 존

재가 아니다. 누구를 때리거나 죽이고 싶은 감정과 그것을 행동에 옮기는 것은 전혀 다른 차원의 일이다. 사소한 레벨이라도 사회생활에서 이것은 심각한 문제가 된다. 내가 출근하는 길에 옆에 차와 시비가 붙어서 기분 나쁘다고 그 자리에서 욕하고 싸우고, 분을 풀지 못해 회사에 와서 사람들에게 갖은 시비를 걸고 고객에게 퉁명스럽게 구는 것이 진정성 있는 행동이고 성숙한 자세라고 할 수 있을까?

사람들은 다른 사람들과 함께 살아가기 위해서는 일정 부분 자신을 통제하고 내 행동을 선택함에 있어서 다른 사람들의 감정을 고려할 줄 알아야 한다. 내가 편안하고 평화로운 기분으로 살고 싶은 것처럼 상대도 그렇다. 그것에 대해서 서로 노력하는 것이 어른의 자세다. 감정과 생각을 날 것 그대로 드러내는 것은 공공장소에서 큰 소리로 울고 떼를 쓰는 아이의 태도와 다를 것이 없고, 이것은 또한 문명인의 자세가 아니다.

나 또한 어머니가 암 진단을 받으셨다고 예정된 일정을 취소하고 슬퍼하는 데 전념하거나, 코칭을 가서 침울한 모습으로 앉아 있었다면, 그것은 진정성 있는 인간의 자세가 아닌 것이다. 그렇다고 해서 내가 나의 직업에 충실하기 위해 어머니로 인한 슬픔의 감정을 무시하는 것은 본능적으로 불가능하고 바람직하지도 않다. 나는 사회 속에서 나를 잃지 않는 한도 내에서 상황에 맞게끔 감정 표현을 통제하고, 상대에게 내가 원하는 기분을 느끼게 하는 사회적 기술이 있는 사람일 뿐이다.

오히려 자신의 의견이 있고 좋지 않은 감정이 있더라도 다른 사람을 직접적으로 공격하거나 상대방을 무시하지 않고 친절하게 잘 전달할 수 있는 자기 통제 능력을 가진 사람, 신념을 모든 의사 판단에서 읽을 수 있는 사람, 우리는 그런 사람들을 안전하다고 생각하고 믿을 만하다고 생각하며 그런 사람들을 좋아한다.

내가 나다울 때 따로 에너지가 빠져나가지 않아서 인간관계에 더 많은 신경을 쓸 수 있고, 내가 나다울 때 나를 좋아하지 않는다면 "어쩔 수 없군" 하면서 별로 아쉬움이 남지 않을 것이다. 즉 내가 중심을 가지고 좋은 사람으로 성숙해가면서 대인관계에서는 유연하게 대처할 수 있는 세련된 사람이 되어야 한다.

진정성

🦅 예측 가능한 도덕성

그렇다면 진정성이라는 것은 어떻게 이해해야 하는가?

전설적인 밴드 비틀즈의 핵심 멤버인 존 레논은 그의 열렬한 팬에 의해 살해당했다. 그의 팬은 평화와 무소유 등을 노래한 그가, 실상은 호화 생활을 누리고 있다는 사실에 분개했다.

만들어진 이미지의 이유가 무엇인지, 정신적으로는 아직도 그런 가치를 추구하고 있는지는 중요하지 않다. 말과 행동의 불일치는 사람들에게 분노를 일으키게 된다. 사랑이 배신당한 기분일 것이다. 어쩌면 필연적인 결과였을 수도 있다. 가난하고 힘없는 사람들이 인기로 돈과 명예 심지어는 권력까지 갖게 되면 그는 이율배반적인 사람이 될 수밖에 없으니 말이다. 이런 표리부동은 상대에게 매우 위협적으로 받아들여지기도 한다. 타인에 대한 불신을 갖게 될 수 있기 때문이다.

이렇게 예측할 수 없고 그 사람이 어떤 사람인지에 대해서 알기가 굉장히 복잡해진다면 사람들은 그런 사람을 좋아하지 않는다. 신비주의도 답답한데, 다른 것이 조금씩 드러난다면 사람들의 마음은 떠나게 되어 있다.

한때 잘나가던 스타들이 몇 차례의 거짓말과 거짓 행동, 혹은 이율배반적인 행동을 드러내면서 서서히 대중의 인기를 잃기도 했다. 단아한 이미지의 여배우가 유부남과 불륜 스캔들에 휘말리면서 수의를 입은 모습이 전파를 탔다. 피터팬 이미지의 전설적인 뮤지션이 결혼도 아닌 이혼을 했다고 했을 때 대한민국은 발칵 뒤집어졌다. 당연히 군대를 가겠다고 공언하던 미국 영주권자 가수가 미국에서 시민권을 획득해서 군 복무를 피하자 국민들의 분노는 폭발했다. 차라리 섹시 이미지의 여배우였다면, 차라리 소문이 요란한 아티스트였다면, 차라리 군대 소리는 꺼내지도 않았던 교포 청년이었다면 그나마 그렇게까지 사람들의 실망과 미움을 사지는 않았을 것이다.

심지어는 다른 식으로 재기의 발판을 마련할 수도 있지 않았을까 싶다. 이런 대중 스타의 만들어진 이미지는 따라서 매우 큰 위험을 내포하고 있다.

윤여정 배우가 영화 〈미나리〉로 아카데미에서 한국 배우로는 최초로 연기상을 수상했다. 그녀의 수상소감은 전 세계를 그녀에게 빠져들게 했다. 〈미나리〉의 제작자이자 세계적 배우인 브래드 피트가 그녀를 수상자로 호명했다. 무대에 올라선 그녀는 브래드 피트에게 "결국 만나게 되어서 반가워요. 우리가 털사(Tulsa)에서 촬영할 때 어디 계셨어요?"라고 농담으로 수상소감을 시작한다. 털사는 뜨겁게 더운 시골 지방이다. LA 같이 촬영환경이 좋은 곳이 아니다. 이는 결코 녹록지 않은 촬영 현장이었음을 뜻한다. 미국 사람들이라면 '고생 엄청 했구나'라는 생각을 하게 된다. 그녀는 수상을 한 것이 내가 남들보다 조금 더 운이 좋았을 뿐이고 미국이 한국배우를 환대하느라 그런 것 같다고 한다.

그런 다음 경쟁자들을 치켜세운다. 그리고 생계형 배우임을 강조한다. 아들들 때문에 아침마다 일터에 나갔고, 그 덕분에 상을 타게 되었다고 말이다. 감사한 사람들의 이름을 부르는 것도 빼먹지 않았다. 그 어디에서도 내가 오랫동안 영화판을 지켜온 대배우이며, 드디어 인정받았다고 잘남을 뽐내지 않는다.

수많은 좌절과 힘든 과정을 겪었지만 그녀는 그것을 불평하지 않았다. 상을 타서 좋은 점은 "앞으로 계속 일을 할 수 있게 되어서"라고 말한다. 세속적인 욕심과 기쁜 마음도 숨기지 않는다. 흰머리에 수수한 드레스를 입은 그녀는 스스로를 거리낌 없이 드러냈다. 세계는 그녀의 매력에 흠뻑 빠졌다.

그녀의 생각과 감정, 그리고 신념과 삶의 태도, 그녀의 수상소감은 모두 하나로 이어진다. 그런 그녀의 인터뷰나 예능에서의 모습을 보면 두드러지는 특징이 있다. 그녀가 아주 솔직하게 호불호를 드러낸다는 것이다. 좋은 것을 싫다고 하지도 않고, 싫은 것을 좋다고 하지도 않는다. 그리고 그것에 따라 행동한다. 그리고 좋아하지 않아도 해야 하는 것은 또 해낸다. 유쾌하게 불만을 표현할 줄도 안다.

그녀의 나이 예순이 넘어 경제적 자유를 획득하면서부터는 감독이 좋아야만 함께 일을 했다고 밝힌다. 영화도 그렇고, 예능도 그렇다. 감독이 좋으니까 고시랑거리면서도 다양한 역할을 소화해낸다. 위압적인 거장이나 자본이 그녀를 함부로 할 수 없을 것 같다.

자신이 좋아하는 사람들과 좋아하는 일을 하며 사는 사람. 이런 용기와 삶의 신념, 그리고 자신임을 잃지 않으면서 다른 사람들을 높여주는 이런 삶의 일관적인 태도는 한순간 완성되는 것이 아니라 삶을 견디며 살아온 평생이 걸리는 과정일지도 모른다.

진정성은
깊이를 추구한다

 일관성이 진정성의 모든 것은 아니다. 우리가 좋아하고 존경하는 이들은 삶의 철학이라는 것이 있고 그에 따라 살아간다. 이런 사람들은 순간순간의 인기가 오르고 내리는 일은 있지만, 그것에 연연하지 않고 사람들 속에서 자신의 삶을 살아간다. 진정성은 이런 의미에서 깊이를 추구한다. 여기에는 자신만의 철학이나 숭고한 윤리의식이 들어있다.

 윤여정 배우도, 백종원 씨도 평탄하지만은 않은 인생에서 쌓아올린 그들의 삶의 내공과 철학이 유쾌함 속에 드러난다. 성찰을 하고 성숙한 사람들이 라이커블하다. 그리고 자신보다 더 큰 존재에 대한 인식이 있으며, 다른 이들에게 도움이 되는 삶을 지향한다.

 나는 이 진정성의 깊이의 최고봉은 독립운동가들이 아닐까 한다. 영화 〈동주〉는 독립운동을 하는 어린 청년들의 이야기다. 20세 남짓한 청년들은 일제 식민 상태에서 조국의 독립을 위해 자신이 할 수 있는 일들을 해낸다. 독립운동가 송몽규는 사람이 다른 사람을, 한

나라가 다른 나라를 탄압하는 것은 옳지 않다고 여겨 독립운동에 투신한다. 송몽규처럼 적극적으로 행동하지 못하는 윤동주 시인은 그런 스스로를 자책하고 답답해하며, 결국 자신이 할 수 있는 시를 쓰는 것으로 인간의 도리, 그리고 그의 신념을 지켜나가는 삶을 살아간다. 그들은 개인주의나 민족주의를 넘어서 인간으로서 '옳은 일'을 행동으로 옮긴다. 신념을 지키기 위해 강한 자들에게 저항하고 그것을 행동으로 옮기고 목숨까지 바친다. 우리는 이런 이들을 오랜 세월 존경하고 그들의 정신을 기억한다.

진정성을 가진다는 것은 꽤나 어려운 일이다. 깊은 성찰과 학습으로 옳은 신념을 일구어 나가야 하며, 그것을 언어와 행동, 그리고 삶에서 구현해내야 한다. 그때그때 상황에 따른 이득에 움직이는 것이 아니라 신념과 가치에 따른 행동을 한다. 때론 이것은 불이익을 가지고 오기도 하고, 오해와 갈등을 가지고 오기도 한다. 하지만 그런 삶은 결국 다른 사람들에게도 영향을 끼치고, 우리가 좀 더 나은 세상을 살아가는 데 바탕이 된다. 독립이 된 세상이라고 이제 우리가 이런 신념을 가질 일이 없는 것도 아니고, 나이와 상관이 있는 일도 아니다. 대부분의 독립운동가들은 20~30대 젊은이들이었다.

몇 년 전 독일 아이의 인터뷰 기사를 봤다. 중학교를 다니는 학생에게 어떤 삶을 살고 싶으냐고 물으니 환경, 더 많은 생명들을 위한 삶을 살고 싶다고 한다. 그렇다고 해서 구체적으로 무엇이 되고 싶다거나 어떤 일을 해야 할지는 아직 잘 모르기에 더 지켜봐야 한다고 인터뷰에 응했다. 10대 중반의 중학생이 그런 생각을 하는 것이 믿어지지 않으니 겉멋이 들었거나, 누군가가 시켰겠거니 생각할 수도 있다. 하지만 긴 인터뷰 동안 드러나는 그 아이의 생각은 진심이었다. 물론 커가면서 바뀔 수도 있고, 진화할 수도 있다. 구체적인 계획이 생기면서 겉으로 명백히 드러나지 않을 수도 있다.

나는 이런 종류의 사람들을 자주 봤다. '페이스북'의 헤드 코치는, 삶의 목적은 지속가능성이라고 한다. 우리 지구의 지속가능성을 높이는 것이 그녀의 삶의 미션이다. 페이스북이 입사 제의를 했을 때, 그녀는 과연 페이스북에서 자신의 비전을 이룰 수 있을지에 대해서 회사 측과 진지하게 이야기를 나누었다. 그리고 서로 그 부분에 대해서 타협이 이루어지고, 페이스북이 진행하고 있는 사업의 방향이 그녀가 생각하는 미션을 이루는 데 도움이 될 것이라는 확신을 가졌을 때 입사를 결정했다고 말한다.

말기 암 환자들을 연구하는 프로젝트에 참여했을 때 한 연구 대상자는 자신이 자라온 곳의 땅이 개발되는 것을 막기 위해서 평생 돈을 벌어 그 지역에 땅을 사들이고, 자신의 모든 유산을 그 땅을 사서 지키는 데 쓰라는 유언을 남겼다. 스웨덴의 공동주거 연구에서는 공동 가옥을 운영하는 70대 여성이 난민들의 교육을 위해 시민운동을 진행중이라고 했다. 난민들이 나라에 잘 정착하고 독립적인 국가의 구성원으로 잘 자라도록 구체적인 행동에 대한 고민과 활동을 진행하고 있었다.

개인의 영달보다는 더 큰 존재와 세상을 위해서 내가 무엇을 할 수 있을지, 그리고 그렇게 하기 위해서 나는 어떤 삶을 살아야 할지에 대해서 끊임없이 고민하고 행동하는 삶은, 그 누가 봐도 존경스럽고, 또 그 사람과 함께하고 싶은 마음이 들게 한다. 그렇다고 해서 우리가 활동가가 되어야 한다는 것은 아니다. 우리의 삶에서 각자가 이 세상에 무엇을 기여할 것인지에 대한 고민을 하고 그것을 행동으로 옮긴다면 그것으로 충분하다.

나를 성찰하고 정진시켜서 정말 건강하고 사람들이 좋아할 만한 사람으로 성숙해나가는 것, 그리고 그것을 일부러 숨기지 않는 것이 라이커블한 사람이 되는 길이다. 에너지를 내가 좋은 사람이 되는 데 쓰는 것이 훨씬 이득이다. 그리고 대인관계 기술을 익히는 데 쓰는 것이 낫다.

이 대인관계 기술을 속이는 것이라고 착각하는 사람들이 있다. 이를테면 칭찬은 립서비스이며, 이것은 상대를 기만하는 행위라는 것이다. 삶의 태도와 신념에는 진정성이 필요하지만 감정을 표현하는 것에 진정성이 필요한 것은 아니다.

우리는 누군가를 좋아할 때 어떤 이유들 때문에 그 사람을 좋아하게 될까? 아니면 좋아한 다음에 그 이유를 찾는 것일까? 나는 후자라고 생각한다. 누가 나를 어떤 이유로 좋아할지는 사실 알 수가 없다. 그래도 내가 잘 준비하고 기다리고 있다면 사람들이 나를 좋아해주는 일이 선물처럼 찾아올 것이다.

나만 잘나면 잘살 수 있는 것이 아니다. 다른 사람들과 좋은 관계를 맺는 것이 행복한 삶을 사는 가장 기초적인 일이며, 보통은 가정에서 이것을 배운다. 이러한 사회적 기술은 사람들의 인정을 받고 관계로부터 심리적인 이익을 보고 싶은 사람들에게는 필수 항목이다. 대접받고 싶은 대로 대접하면 된다. 가정 안에서 배우지 못했다면, 지금부터라도 그것을 스스로 배우고 익혀서 무엇이 잘못되고 있는지, 어떤 것들을 바로잡으면 되는지라도 알고, 고치기 위해 노력해야 할 것이다.

4장

라이커빌리티의 기술

_ 사회적 기술

라이커빌리티,
결국은 관계다

　결국 친하다는 것, 사이가 좋다는 것, 그 사람과 함께하면 좋을 것 같다는 느낌이다. 그 핵심은 바로 '친밀감'이다. 그런 사람은 일단 주변 사람들과 관계가 좋다. 특별히 모나지 않아서 사람들과 두루두루 잘 지내고, 특별히 누구와 사이가 굉장히 나쁘지 않은 사람이다. 다수의 주변 사람들과 투쟁적으로 살지 않는다. 라이커빌리티가 높다는 것은 그런 뜻이다.

　질투를 불러일으키지 않을 정도로 호감을 가질 수 있는 장점을 가지고 있으면서, 나와 사이가 괜찮으면 된다. 사람들에게 적당히 인기가 좋으면 더 좋다. 그러면 내가 그 사람을 좋아하는 것을 승인받은 느낌이기 때문에 더 안정되게 라이커빌리티를 유지할 수 있다.

유명인 중에 주변 사람들과 사이가 안 좋으면서 대외 평판이 좋은 경우는 꽤 위험하다. 유명한 인기인인데 주변 평판이 좋지 않은 사람들이 있다. 그런 사람들은 어떤 계기로 안 좋은 것이 드러나게 되면 주르르 안 좋은 이야기들이 터져 나온다. 주변 사람들의 안 좋은 이야기들을 질투로 치부하는 경우가 있다. 그렇다면 더 위험하다. 잘못이야 용서를 빌면 되지만, 질투는 내 삶이 고꾸라지는 것을 봐야 끝이 난다.

평판이 안 좋은 사람들은 위기에서 그들의 편을 들어주는 사람이 없다. 그러나 주변 사람들에게 평판이 그다지 나쁘지 않은 사람들은 안 좋은 사건이 터지게 되어도 주변에서 그 사람 편을 들어준다. 그것을 다루는 어쩌면 공생관계의 기자들도 그다지 비난의 수위를 높이지 않는 경우가 대부분이다.

관계가 아무리 중요하다고 하지만, 여기서 역시 질투를 불러일으킬 만큼의 친한 관계를 많이 가지고 있음을 드러내는 것은 라이커빌리티에 도움이 되지 않는다. 이너 그룹과 아웃 그룹의 경계가 뚜렷해 보이면 외부의 사람들이 그 사람들에게 쉽게 다가가지 못하게 되고, 다가가도 사이가 좋다고 느끼기가 어렵다. 이너 그룹이 있다고 하더라도 아웃 그룹을 소외시키지 않는 노력도 필요하다.

사람들과 친밀한 관계를 형성하고 유지한다는 것은 사실 그렇게 쉬운 일이 아니다. 친한 사람과의 관계도 유지해야 하고, 그렇지 않은 사람들과의 관계도 계속되어야 하기 때문이다. 그래도 보편적으로 사람들이 좋아하는 사람들은 행동적 특징이 있다. 이것이 나는 '사회적 기술'이라고 본다.

『아웃라이어』를 쓴 맬컴 글래드웰(Malcolm Gladwell)은 사회적 기술은 가정에서 길러진다고 봤다. 부모가 다른 사람들과 어떻게 상호작용을 하고 특정 상황에서 어떻게 대처하는지를 보고 우리는 사회적 기술을 자연스럽게 습득하는 것이다.

우리는 가끔 서비스 업종에 가서 흔히 말하는 갑질을 하는 가족 이야기를 뉴스로 접한다. 몇 년 전 한 백화점 액세서리 매장에서 이미 계약 기간이 지난 제품에 대해서 A/S나 교환을 요구하던 모녀가 있었다. 처음에 딸이 와서 큰소리를 지르고 매장 직원을 모욕하고 상욕으로 상대와 주변을 압도하며 교환을 요구했다. 그것이 성공을 하지 못하자, 그 어머니는 더욱 내공(?)이 있는 난동을 부려 결국 그들이 원하는 것을 얻었다.

사람들은 어떻게 어머니가 딸을 나무라고 가르치지 않느냐고 했다. 그 딸이 보고 배운 것은 큰소리와 모욕으로 상대를 압도해 원하는 것을 얻는 것뿐이다. 그 어머니가 그런 상황에서 좋은 말로 적당한 가격을 치르면서 문제를 해결할 수 있는 사람이었다면 그 딸은 그런 행동을 배우지도 않았을 것이다.

어떤 부모는 자녀에게 친구들 사이에서 손해 보지 않는 법을 가르친다. 친구들과 중국집에서 식사를 할 때는 함께 먹는 탕수육을 먼저 다 먹을 만큼 먹은 후에 자신이 시킨 식사를 시작하라고 한다. 말로 가르치지 않아도 어떤 모임에서 부모의 그런 행동을 봤다면 아이는 부모가 없는 곳에서 친구들과 식사할 때 그런 행동을 자연스럽게 할 것이다.

그런 행동을 좋아할 사람은 아무도 없다. 사람들이 그 행동에 관해서 안 좋은 이야기를 하거나, 그와의 식사를 기피하고, 더 나아가 관계 자체를 기피해도 무슨 이유인지 그 아이는 알지 못한다. 그저 자신을 피하는 사람들이 원망스럽고, 자신을 성찰할 때도 그 행동은 진작에 잘못된 행동 예상 답지에서 제외된다. 자신의 다른 면 때문에 그러는 것이 아닌지 자꾸 헛다리를 짚으면서 살아가게 된다. 사회에 그런 사람들이 많다.

이것이 소시오패스 등 정신 질환과 같은 처음부터 잘못인 경우는 그렇게 많지 않다. 사회에서 사람들과 잘 살아가는 법을 제대로 배우지 못했거나 잘못된 방식을 배운 거다. 운이 없었던 것이다. 그래서 재교육이 필요하다. 특히 '공부만 잘하면 만사형통'이라고 잘못 배워온 많은 엘리트들도 이 재교육이 필요하다. 그리고 우리 사회가 잘못 가르친 것들에 대한 교정이 필요한 부분도 많다.

물론 모든 것들이 기술로 정형화될 수도 없으며, 이번 장에서 열거하는 기술을 모두 가질 필요는 없다. 하지만 조금 더 나은 관계를 만들어가고 싶은 사람들이라면 반드시 염두에 둬야 할 대인관계 기술들이다.

성인이 되었다면 내가 어린 시절에 이런 것들을 못 배운 것을 원망해봐야 답이 없다. 우리를 가르쳐야 했던 그 사람들도 잘 몰랐기에 그랬을 것이다.

나는 고등학교 시절 2년간 극심한 집단 따돌림을 당

한 후 나를 고쳐보겠다고 심리학을 공부했다. 가장 중요한 것은 나에 대해서 이해하는 것, 그리고 내가 가진 잘못된 생각의 도식을 깨닫고 수정하는 것이었다.

그다음 단계는 사회적 기술을 익혔다. 상담심리학은 대화를 통해서 사람들에게 변화를 불러오고 정신 질환을 낫게 해 정상적인 생활을 하게 하는 학문이다. 그 과정에서 상담가는 내담자가 보고 배울 수 있도록, 그리고 그 사람에게 가장 좋은 친구가 될 수 있도록 훈련된다. 방식들은 과학적으로 검증된 기술들이다. 그리고 내담자에게 가르쳐야 할 기술을 책에서 배워 가르치기도 한다.

리더십 개발이라는 것은 영향력을 극대화하는 기술의 개발이다. 그 첫걸음 역시 자기를 알고 리더가 되어야 하는 이유를 깨닫는 것이다. 그리고는 리더십 기술을 익혀야 한다. 그저 좋은 사람이 되는 것과 사람들에게 영향력을 끼쳐 목표를 달성하는 것은 다른 차원이기 때문이다. 나도 많이 배웠고 또 가르쳤다. 지금까지 근 30년째 이어져오고 있다.

그러나 나는 아직도 새로운 것을 깨닫고, 새로운 방식을 시도한다. 예전에 들었을 때는 무슨 말인지 몰랐는데, 나이가 들어 어느 순간 무슨 말인지 이해가 되고 그것을 실행하게 되는 일들도 매우 많다. 때로는 묻지도 따지지도 않고 따라해보니 생각보다 큰 효과가 있었던 기술들도 있다. 이런저런 기술들 중에 내가 해보니, 혹은 내 클라이언트들이 해보니, 특히 내 자식에게 써보니 되더라 하는 것들만 여기서 엮어봤다.

첫인상이
중요한 이유

학기 첫날 강의장에서 한 학생이 나를 보자마자 친구에게 그 자리에서 문자를 보냈다. "당장 이 수업 들어와. 교수님이 빨간 코트에 파란 배낭을 메고 들어오셨어." 나중에 학생이 나에게 해준 이야기다. 학생들에게 보여줘야 할 교과서가 많아서 배낭에 챙겨갔을 뿐인데, 색상이 그렇게 매치된 줄 몰랐다. 학생들은 내가 다른 교수님들과는 다를 것이라고 기대를 했고, 그것이 맞았다고 이야기해줬다.

나는 코칭과 강의를 통해서 늘 새로운 사람들을 만

난다. 그들과 짧게는 1~2시간, 길게는 수개월, 수년의 세월을 함께하기도 한다. 얼마의 지속된 시간을 보내든 첫 만남은 가장 중요한 순간이 된다. 사람들 간에는 무의식적으로 전이(transference)라는 현상이 나타난다. 이 전이는 과거의 기억이 무의식적으로 현재에 들어오는 것이다.

프로이트는, 우리의 관계는 새로운 듯 반복된다고 했다. 우리는 초기 기억, 특히 가족 안에서의 역동을 무의식에 저장해두었다가 새로운 관계를 만나면 그 초기 무의식이 작동해 익숙한 관계의 패턴을 가지고 오게 된다. 이는 최근 뇌 과학에서 과학적으로 증명이 되고 있다.

우리는 태어나서부터 모든 기억을 뇌의 해마라는 기관에 저장한다. 그리고 그 저장된 기억은 우리가 어떤 장면이나 사람을 만날 때, 어떤 감정의 형태로 나에게 메시지를 보낸다. 우리가 상황을 다 파악하기 전에 싸한 기분이 들거나 설레는 감정을 경험한 적이 있을 것이다. 그것은 우리의 뇌가 인식한 어떤 단서에 의해서 그와 관련된 경험의 감정을 느끼게 되는 것이다. 그리고 각종 호르몬이 그 상황에 대응하도록 몸을 준비시킨다. 두려움이 느껴지면 도망갈 것이고, 좋은 기분이 들면 그와 더 가까워지려고 할 것이다.

첫인상은 이런 과정이 즉각적이고 자동적으로 일어나는 순간이다. 어떤 사람에 대해서 어떤 인상을 갖는 것은, 그 사람에 대한 실질적·전인적(全人的) 평가가 아니다. 전이가 일어났을 수도 있는 것이고, 그 사람의 말이나 행동, 심지어는 냄새에서까지 어떤 단서를 가지고 과거의 기억이 나에게 메시지를 보내는 것이다. 그리고 이렇게 형성된 첫인상은 이후의 판단에 지대한 영향을 끼친다. 긍정적인 첫인상을 가진 경우, 그 이후에 하는 행동이 매력적으로 보일 수 있다.

사람들은 자신의 판단이 옳기를 바라기 때문에 확증적 편향이라는 인지왜곡을 일으킨다. 확증적 편향이란 자신이 생각하는 것이 정당하다는 것을 증명하는 사실에만 주목하게 되는 것이다. 이는 우리가 거의 의식하기 어려운 자동적 사고다. 그래서 첫인상이 중요하다. 그 사람의 첫인상이 좋으면 좋은 점을 찾는 쪽으로 내 의식은 움직일 것이고, 첫인상이 나쁘다면 어떻게든 보이는 단서와 행동을 안 좋은 쪽으로 해석하려고 할 것이다.

물론 첫인상을 보는 사람들의 특성도 당연히 중요하

다. 대인관계에서 긍정적 경험이 많았던 사람들은 다른 사람들을 긍정적으로 평가하게 될 가능성이 높다. 그리고 계속해서 확증적 편향을 통해 좋은 점을 보게 될 가능성이 높다. 사람들은 본인을 긍정적으로 봐주는 사람에게 더욱 긍정적인 영향을 주고 싶어한다. 그래서 더 좋은 관계로 발전하게 된다. 반대로, 어린 시절 부모와의 관계에서 부정적 경험을 많이 한 사람은 다른 사람들에 대해서 부정적 감정을 갖게 될 가능성이 높다.

그런데 사람들은 이것을 잘 모른다. 아버지가 가족들을 위협하고, 어머니를 때리는 것을 보면서 자란 사람도 어린 시절에 대해서 물어보면 '평범하게' 자랐다고 한다. 사랑이 넘치고 유복한 가정에서 자란 사람도 본인이 '평범'하게 자랐고, 금수저가 아니라고 한다. 개인의 평범의 기준을 설정하기란 어렵다. 따라서 우리는 내 앞에 나타난 사람이 어떤 사람인지 모른다. 그에게 좋은 인상을 주는 것은 어쩌면 미션 임파서블인지 모른다.

개인의 감정의 역사는 다르지만 감정과 관련된 우리의 몸의 반응은 정직하다. 따라서 진화의 흔적을 통해서 일반적으로 좋은 인상을 유추해볼 수는 있다. 긍정적인 호르몬이 작용하게 하는 인상과 말, 그리고 보편적인 감정은 없지만 보편적인 학습과 경험은 있기 때문에 우리 사회에서 보편적으로 긍정적으로 생각하는 행동은 배워볼 수가 있다.

예를 들어 남루한 복장에 너무 마른 얼굴, 다듬어지지 않은 머리에 불쾌한 냄새가 나는 사람은 좋은 인상을 주기 어렵다. 우리의 경험에 이런 사람들이 우리에게 결과적으로 좋은 경험을 준 적이 별로 없기 때문이다.

물론 그것이 늘 옳은 것은 아니다. 영화 〈나 홀로 집에2〉에 나오는 비둘기 여사처럼 겉모습은 무섭고 더럽지만 그 사람과 가까워지게 되면 굉장히 따뜻한 사람임을 알게 될지 모른다. 영화의 주인공이 어른이라면 그간의 경험과 들은 이야기를 바탕으로 비둘기 여사에게 다가가려는 노력조차 하지 않았을 수 있다. 어리고, 부잣집에서 유복하게 자라고, 그런 사람들에게 위협을 당해본 적이 없는 어린 아이의 마음이기에 가능했을 수도 있다. 수많은 봉사하시는 분들은 그들의 따뜻한 마음을 본 사람이거나 그들에게 연민을 가져보고 긍정적인 결과를 경험해본 사람들일 가능성이 높다.

반면 깔끔한 복장과 잘 관리가 된 구두와 가방, 단정하게 다듬어진 머리와 손톱, 은은하게 좋은 비누향이 풍기는 사람이라면 어떨까? 그런 사람들은 보통 우리에게 좋은 인상을 준다. 그럼 명품 로고가 두드러지는 복장에 과도한 액세서리를 두르고 방금 미용실에서 나온 듯한 머리 스타일에 진한 향수 냄새를 풍기는 것은 어떤가? 이 부분은 사람들에게 각기 다른 기억들을 소환시켜준다. 그것을 프로페셔널하게 보는 사람이 있는가 하면 안 좋게 보는 사람, 혹은 부담스럽게 잘난 사람으로 인식하는 사람도 있다. 이는 개개인의 경험에 기인한다. 따라서 이런 과한 모습은 위험 부담이 크다. 그래서 나는 최소한 첫 만남에서는 넘치지도 모자라지도 않아야 한다고 본다.

나를 우습게 만드는
자기 희화화

똑같은 강의를 같은 회사에서 같은 직급을 대상으로 10번 정도 한 적이 있었다. 나를 소개할 때 나는 내가 모델처럼 찍은 사진을 보여주면서 "저랑 똑같지요?"라며 농담을 건넨다. 멋있다는 사람도 있지만 전문지식을 전달하는 강사의 사진으로 쓰기에는 과하고 우스울 수 있다.

그러면 사람들이 어떤 식으로든 반응을 한다. "저도 연예인처럼 보이고 싶어서, 작가님 섭외해서 3시간 동안 2,600장 정도 찍었더니 저런 사진 한두 장 나오더라고요. 한마디로 잘못 나온 사진이지요"라고 농을 친다. 이렇게 한 1분 정도 나를 우습게 만드는 '자기 희화화'를 했을 때와 내 경력 소개, 내가 얼마나 많이 공부한 사람인지를 장황하게 언급하고 시작했을 때를 비교해봤다.

강의에 대한 반응, 참여도, 그리고 내가 진행하면서 힘든 정도. 나를 우습게 만드는 농담을 하는 1분이 만든 차이는 실로 컸다. 시간이 긴 강의면 점점 강의 내용에 대한 힘으로 결과의 차이가 줄어들기는 하지만, 함께하는 시간이 짧은 강의일수록 전체 만족도나 강의 내용의 수용도에 있어서 차이는 컸다.

이렇게 자신을 우습게 만드는 방식, 이것을 '자기 희화화'라고 한다. 문화심리학자 김정운 교수의 트레이

드마크는 곱슬머리다. 김정운 교수는 스스로 머리를 파마하면서 인생이 풀리기 시작했다고 한다. 검정색 차이나칼라 재킷에 단정한 스타일일 때는 많이 배운 똑똑한 사람 같았다. 하지만 그가 아인슈타인 같은 곱슬머리 파마를 해 뭔가 괴짜 같은 분위기를 풍기자 사람들의 반응은 달라졌다. 대중은 그를 더욱 좋아해주고 인기가 갑자기 높아졌다.

이런 방식을 오랜 기간 잘 쓰면서 최고의 자리에 머무르고 있는 사람이 유재석 씨와 전현무 씨다. 그들은 자신이 망가지는 것을 두려워하지 않는다. 잘난 것을 외치자면 왜 외칠 것이 없겠는가?

강사로서 자기소개를 할 때 "나는 좋은 학교에서 공부하고, 당신들보다 우월한 경력을 가지고 있어요"라는 것을 강조하라고 말하는 사람들도 있다. 하지만 그것은 주의를 집중시킬 수는 있을지 모르겠지만 사람들을 모난 눈으로 쳐다보게 만든다. 사람들은 내 논리의 예외적인 구석, 그리고 나의 실수 등에 더욱 집중하게 된다.

인시아드의 맨프레드 교수님을 처음 뵀던 순간이 생생하다. 가장 눈에 띈 것은 세계적인 교수님의 빨간 양

말이었다. 샛노랑 스웨터에 빨간 양말이라, 멋쟁이시
구나 생각했다. 그런데 그 이후로도 교수님은 빨간 양
말만 신으셨다. 금단추가 주렁주렁 달린 고급 슈트를
입고도 빨간 양말을 신으셨다. 그것만 봐도 웃음이 나
왔다. 비서에게 물어보니, 저 빨간 양말이 구하기 쉬운
것이 아니란다. 하긴 남성용 빨간 양말을 구하는 것이
쉬운 일은 아닐 것이다. 온 유럽을 뒤져야 할 때도 있
었단다. 왜 그걸 신기 시작했는지 주변 사람들은 모두
잊어버렸다. 하여간 의도적으로 빨간 양말을 고집하신
다는 것이다.

그 유래는 알 수 없지만, 그 빨간 양말이 주는 효과
는 알 수 있다. 자신을 조금이라도 친근하게 보이기 위
한 장치가 아니었을까 싶다. 나 역시 그 빨간 양말을
보면서 그런 느낌을 받았으니까 말이다.

유명인사가 명문대에 진학한 자식 자랑을 하는 기사
에는 좋은 댓글이 달리지 않는다. 진실이든 아니든 갖
은 악담에 가까운 악플이 붙는다. 없는 죄도 생길 분
위기다. 선행에마저 이미지 세탁이라는 라벨이 붙는
다. 유명함에는 유명세, 즉 세금이 붙듯 잘남에는 잘난
세금이 붙는다. 얼마나 자랑이 하고 싶었겠는가? 굳이

잘난 것을 드높이고 싶다면 이 세금을 내야 한다. 그 세금이 어쩔 때는 쌓였다가 과금이 되기도 하고, 견딜 수 없을 만큼이 되기도 한다. 하지만 자신을 조금 낮추고 부족한 점을 보여준다면 그 잘난 세금은 삭감이 된다. 결국 선택이다.

경청하는 사람은 안 좋아할 수가 없다

내가 리더십 강의를 하면서 절대 빼먹지 않는 커뮤니케이션 스킬이 경청이다. 이미 너무 진부해져버린 단어이지만, 그만큼 잘 되지 않는다는 반증이기도 하다. 경청은 모든 커뮤니케이션의 기본 스킬이지만, 특히 협상에서는 더욱 중요하다. 정보를 더 많이 가지기 위해서이기도 하지만, 경청을 해야 하는 이유는 사람은 자신의 이야기를 들어주는 사람을 무조건 좋아하기 때문이다.

사람들은 남의 이야기를 듣는 것보다 자신의 이야기를 하는 것을 좋아하고, 그것을 들어주는 사람을 좋아한다. 따라서 누군가의 이야기를 들어주는 것은 상대에게 은혜를 베푸는 것이라고까지 이야기한다. 리더에게 원하는 행동을 설문하면 상위 3위에 언제나 빠지지 않고 등장하는 것 역시 소통이고, 그 소통은 보통 '상사의 말을 듣고 싶어요'가 아니라, '내 이야기를 들어주세요'라는 뜻이다.

사람은 그 사람의 이야기를 들어줌으로써 상대의 마음을 살 수가 있다. 사람들을 변화시키는 대화법인 동기강화 면담에서는 15~20분 정도 상대의 이야기를 잠자코 열심히 들어주는 것으로도 우호적인 관계가 형성되어 그 관계를 바탕으로 변화를 모색한다. 아무리 중증의 중독환자라도 우선 이런 과정을 거쳐야 치료자와의 관계가 형성된다. 그러니 누군가에게 호감을 사고 싶다면 상대의 이야기를 들어주는 것으로 대화를 시작하면 좋다. 그 대화가 긍정적이라면 더욱 좋다.

스타급 방문판매원과 이야기를 나눌 기회가 생겼다. 전라도에서 인천으로 시집을 온 그녀는 무언가 일을 하고 싶었다. 화장품을 좋아해서 화장품 방문판매를 시작했다. 아는 사람이 한 명도 없는 지역으로 시집온 새댁이 무슨 인간관계가 있다고 방문판매원을 시작했을까? 그녀는 어떻게 어마어마한 실적을 올리게 되었을까?

그녀가 고객에게 던지는 첫 질문, "화장품 뭐 쓰세요?" 이 질문은 참으로 많은 의미를 가지고 있다. 단순히 우리 화장품을 쓰느냐 안 쓰느냐로 들릴 수 있다. 하지만 이런 질문을 하면 많은 고객들이 "전 샤넬 써요" "전 랑콤을 써요" 하면서 비싼 해외 브랜드를 댄다.

사실 그들의 화장대를 가보면 샤넬이나 랑콤이 한두 개일 경우도 많다. 하지만 그들은 설령 누군가가 해외 여행에서 돌아오면서 기내 면세점에서 사서 선물한 립스틱이라도 그것을 쓴다고 말을 한다. 본인이 마치 샤넬이나 랑콤 화장품으로 화장대를 가득 채운 것 같은 기분이 들 것이다. 그러면 그녀는 "와~ 좋은 거 쓰시네요. 그게 정말 좋아요?"라고 질문을 한다. 그러면 그들은 자신이 쓰는 화장품 자랑을 하며 기분이 한껏 좋아지게 된다.

그저 그녀가 하는 일은 그들의 이야기에 맞장구를 치는 것이다. 그렇게 기분이 한껏 고양이 되면, 그때쯤 고객들은 그녀가 팔고 있는 화장품에 관심을 가지게 된다. 그러고 나면 비싼 외제 화장품을 쓴다는 그녀들은 나름대로 '괜찮은' 방문판매 화장품에 지갑을 연다.

드라마 〈응답하라 1988〉에도 화장품 방문판매원이 등장한다. 아이들 문제로 뒤숭숭한 중년의 여인은 방문판매원들을 불러서 부잣집 사모님 놀이를 한다. 아무런 고생 없이 살아서 피부가 너무 좋은 사모님처럼 행동하고 말한다. 하지만 실상은 갖은 몸과 마음고생에 끼니를 제대로 해결하지도 못할 만큼 가난하고 고된 시절을 건너왔으며, 지금도 불안한 마음을 감출 길이 없는 평범한 여성이다. 그러나 방문판매원에게 자신의 유복함을 실컷 뽐낸 후 그녀는 화장품을 대량 구매한다.

한 자동차 판매왕의 이야기도 있다. 그는 성공한 사업가들을 찾아가서 "저도 사장님처럼 성공하고 싶습니다. 어떻게 하면 될까요?"라고 묻는다. 그는 그 조언을 구하기만 한다. 차를 팔려고 하는 의도를 전혀 보이지 않는다. 하지만 그것이 몇 번이 반복되면 그 사업가들은 이 자동차 판매원에게 많은 양의 차를 구매하게 된다.

이런 판매왕들은 처음 대면하는 고객들의 자존감을

한껏 높여준다. 그리고 그들을 구매력이 매우 높은 성공한 사람으로 대한다. 그러면 그 고객들은 정말 성공한 사람의 통 큰 구매를 하게 된다. 내가 나를 신나게 뽐내고, 그것을 열심히 들어주고 부러운 눈빛을 보내는 사람을 좋아하지 않을 사람은 없다.

유쾌함은
언제나 옳다

먹고살 만해지면 여성들은 유머러스한 남성을 이상형으로 꼽는다. 반면 먹고살기가 어려우면 남성의 능력을 가장 중시한다. 서로 실질적 이득을 주고받는 사이가 아니라면, 사람들은 함께 있으면 많이 웃을 수 있는 사람을 좋아한다.

가끔 나는 내 강의가 '웃기다'는 평가를 받는데, 내 강의는 웃기기 위한 강의가 아니라서 당황스러울 때가 있다. 하지만 확실한 것은 그 평가가 아주 긍정적이라는 것이다.

유명 외과 전문의는 의대 졸업 당시 의대 동기 중에

서 가장 먼저 정규직 교수의 타이틀을 달았다. 그는 펠로우 과정에 들어가기 전부터 주요 병원에서 제의가 들어오더니, 펠로우 과정을 마치자마자 그 흔한 임상 강사, 임상 교수도 거치지 않고 바로 학칙까지 바꿔가며 정규직 교수자리를 잡았다. 그러나 그에 대해서 나쁘게 이야기하는 사람은 거의 없다.

그는 동기들 중에서도 '올총'으로 불렸다. 특정 교수가 총애하는 제자를 교수의 성 뒤에 총을 붙여서 부른다. 예를 들어 김교수의 애제자는 김교수의 총애를 받는다 해서 '김총'이 되는 것이다. '올총'은 모든 교수들의 총애를 받는다는 뜻이다.

실제로 그는 선배들을 제치고 까다롭기 그지없는 교수의 중요 수술 보조로 들어가곤 했다. 이 정도 되면 TV 드라마에서 보는 시기와 질투의 대상, 권력 암투의 순수한 피해자 정도가 되어야 할 것 같은데 그렇지가 않다. 올총의 비밀은 무엇인가?

그가 대학병원에서 레지던트를 하던 시절, 한 지인이 어머니를 모시고 해당 과에서 진료를 볼 때였다. 그 지인은 의사에게 잘 보일 요량으로 아직 레지던트인 그 올총의 이름을 언급했다. 그러자 교수님은 옆에 있는 주치의에게 "누구지?" 묻더니 "아, 그 웃긴 애?" 하면서 한바탕 웃으시더니 더 호의로운 진료를 해주셨다.

올총의 비밀은 '웃긴 애'였다. 조금 더 들어보니 동료들이 중병환자 진료를 보는데 개그맨처럼 웃긴 그 사람 때문에 웃음을 참느라 죽을 뻔했다고 할 정도로 유머러스한 사람이었다. 지성과 프라이드의 정점에 있는 사람들에게 통하는 것은 탁월함보다는 유머 감각이었다.

그러면서도 그는 매우 수줍어하는 편이었는데, 그래서 그런지 자신은 단 한 번도 수업중이나 교수님의 질문에 남들 앞에서 대답을 해본 적이 없다고 한다. 수업시간이나 회진중에 교수님이 "지금 이 환자가 가지고 있는 증상이 무엇을 뜻하는 것이지?"라고 하면 학생들이 똑떨어지는 대답을 해내곤 하는데, 그는 단 한 번도 자신이 알고 있는 것을 그런 자리에서 이야기한 적이 없다. 그는 그의 지식이나 탁월함을 다른 사람들 앞에서 드러내는 것을 매우 꺼려했다. 특히 본인이 그것을 아는 유일한 사람이 아닐 경우에는 더욱 그랬다. 그는 그것을 성격이라고 설명했다.

이런 그가 유명 국제 학술지에 논문을 게재해 그해 거의 모든 상을 휩쓸었다. 그의 선배들은 그에게 러브콜을 보냈고, 그는 단번에 정규직 교수로 무혈입성을 이뤄냈다. 그러나 그가 그런 대단한 성과를 이뤄낸 것을 가족들도 몰랐다.

사람들은 누구든 시기와 질투의 마음을 가지고 있다. 이는 생각보다 강력하고 심할 때는 꽤 괜찮은 사람들도 추하게 만든다. 탁월성을 추구하는 집단은 더욱 그럴 것이다. 그저 웃긴 사람이 되는 것으로 모든 것이 해결되었다. 탁월함에 대한 경계를 풀게 하는 것이 탁월한 자들 사이에서 살아남는 방법이다. 높아지려는 자 낮아지고, 낮아지려는 자 높아지는 것이다.

그럼 어떻게 웃겨야 하나? 나는 세상 진지한 사람이다. 유머도 연습해야 한다. 오늘의 유머를 외우는 것으로 부족하다. 그것을 맛깔나게 중요한 타이밍에 풀어내는 것이 필요한데, 많은 시도를 통해 성공의 경험을 쌓아야 하는 분야다. 가장 만만한 것은 자기 희화화다. 자기가 얼마나 멍청한지, 얼마나 운이 없었는지, 사람들이 자신을 얼마나 막 대하는지, 자신이 얼마나 쓸데없는 고생을 했는지를 웃으면서 이야기하면 된다. 그것을 여러 차례 연습을 하다 보면 감을 잡게 된다.

사실 이것은 타고나는 것이라고 이야기하지만, 오랜 세월을 두고 연습을 하다 보면 분명히 자신만의 스타일을 찾을 수 있다. 하다못해 웃기려 하지만 웃기지 못하는 웃긴 사람이 되는 것도 괜찮은 전략이다.

그의 강점을 인정하기

나는 세계적인 베스트셀러인 『블루오션 전략』의 확장판을 공번역했다. 말레이시아 정부를 위해 설립된 블루오션 전략 연구원과 함께 일할 기회가 있었는데, 그때 블루오션 전략 저자이신 김위찬 교수님이 총리 주제 회의를 컨설팅하시는 데 참석한 적이 있었다. 정부의 고위 각료들이 자신들이 블루오션 전략을 어떻게 적용시키고 있는지를 발표하는 자리였다. 그곳에서 나는 김위찬 교수님이 얼마나 사람들의 동기를 끌어내는지를 목격할 수 있었다.

그분은 사람들에게 비판이나 개선점을 지적하는 대

신에 매우 잘하고 있고 더 잘할 수 있음을 계속적으로 강조하셨다. 그중 한 각료는 눈에 띄게 어려 보였다. 그가 발표를 하자 김위찬 교수님은 말씀하셨다. "어리다고 못할 것이 없다. 빌 게이츠가 백만장자가 된 나이. 마크 저커버그가 백만장자가 된 나이. 다 20대다" 하면서 젊은 기업가들의 이야기를 끊임없이 하며 그를 칭찬하고 그의 패기에 불을 지폈다.

교수님과의 저녁 식사에서도 비슷한 경험을 했다. 10명 정도의 컨설턴트들과 배석한 자리였는데, 나에게 그 컨설턴트들을 한 명 한 명 소개해주셨다. 그들에 관한 끊임없는 칭찬과 더불어 그날 처음 보는 나에 대한 칭찬까지. 리더십 교과서에서 보는 '영감 불어넣기'와 심리학 교과서에서 보는 '인정하기'가 이런 것이구나를 실감할 수 있는 자리였다. 나는 그날 그 저녁 식사 이후 당장 나가서 뭐라도 해야 할 것 같은 강한 의지와 동기에 들떠서 도저히 한밤중까지 잠을 이루지 못했다.

칭찬은 고래도 춤추게 한다고 해 한때 칭찬 붐이 일었다. 하지만 사실 칭찬은 사람들을, 물론 동물을 포함해서 통제하려는 의도가 있기 때문에 비판을 받는 행위 중의 하나다. 왜 고래가 춤을 추어야 하는가? 고래는 바다에서 그의 삶을 살아야 한다. 좁은 수족관에서 칭찬에 길들여져 사람들 앞에서 재주를 넘는 것이 진정한 고래의 삶인가? 사람들도 조정을 목적으로 칭찬을 한다. 상대방을 조정하고 싶은 사람은 상대가 자신이 원하는 행동을 할 경우에 선택적으로 칭찬을 해 그런 행동을 반복하게 한다. 고래를 춤추게 하는 것도 칭찬으로 훈련을 시킨다는 것인데, 동물을 사람들의 오락거리로 만드는 것에 반대하는 나에게는 별로 좋은 말로 들리지 않는다.

실제로 '칭찬은 고래도 춤추게 한다'에 나오는 고래들은 동물 학대를 반대하는 단체들의 권고로 다 바다로 돌아갔다. 당연히 칭찬은 야단이나 지적보다 훨씬 좋은 것이지만, 그것에는 이런 비판점이 있다. 그래서 나는 칭찬보다는 '인정하기'를 하라고 한다.

인정한다는 것은 그 사람의 훌륭한 면을 언급하는 것을 뜻한다. 예를 들어 매우 어렵게 납기를 맞춘 부하직원에게 '납기 안에 끝내서 너무 잘했다'고 칭찬하는 것보다는 그 어려운 납기를 맞춘 데 들어 있는 그 사람의 훌륭한 면들을 끄집어내는 것이다. 예를 들면

"능력이 있다" "성실하다" "책임감이 강하다" "믿을 만하다" 같이 그 사람의 훌륭한 면을 인정해주는 것이다. 그렇게 되면 그 사람은 자신의 강점을 인식하게 되고, 그것을 알아봐주는 사람에게 감사의 감정을 가지게 된다. 작은 행동일 뿐인데 크게 해석되어 훌륭한 사람이 된 기분을 느끼고, 그것을 알아봐준 이에게 좋은 감정을 갖게 된다.

연구에 의하면 사람들은 자신의 감정을 알아봐주고 인정해주는 사람들에게 더 귀를 기울이고, 더 마음을 열고, 그 사람들과 더 많은 시간을 함께하고 싶어한다. 내가 어떤 상황이건 간에 나의 입장을 알아봐주는 사람의 말은 더 잘 듣고 싶고, 그와 더 많은 이야기를 하고 싶어한다.

어떤 초심 코치가 자기는 코칭을 잘해서 그런지 사람들이 약속된 회기를 다 채우지 않고 코칭을 종료하는 일이 잦다고 한다. 정말 그가 코칭을 기가 막히게 해서, 더 이상 도움이 필요하지 않아서 사람들이 조기 종료를 했을까. 이야기를 쭉 들어보니 그가 상대방의 마음은 읽어주지 않고 문제 해결에만 초점을 맞추고 해법을 제시하는 데 몰두했기 때문인 것 같았다. 그는 취업을 원하는 사람들에게는 그 자리에서 취업을 알선해주기도 한다. 그러나 그 자리가 무조건 마음에 들리라는 보장은 없다. 그래도 그런 방식으로 계속 상담을 하고 있었다. 아마 코칭을 받는 사람들은 자신의 이야기는 듣지도 않고, 대충 이력서를 보고 자신을 어디에다 치워야 하는 짐짝처럼 취급한다고 생각했을 수도 있다.

아무리 그 해법이 멋지더라도 사람들은 자신의 감정을 알아봐주고 자신의 좋은 점을 알아봐주는 사람을 더 고맙게 생각하고 더 가까이하고 싶어한다. 나중에 알고 보니 그는 수많은 컴플레인을 받고 있었다. 코칭은 문제 해결보다 그 사람의 마음에 귀를 기울여주고 좋은 면을 인정해주는 것이 선행되어야 한다. 그래야 관계가 형성이 된다. 코칭은 성공하지 못할 수 있지만 관계가 망가지면 그 어떤 것도 가능하지 않다.

또 다른 연구들에서는 사람들은 자신을 인정해준 사람에게 방어를 낮추게 되고 자기를 더 개방하게 된다고 한다. 이것은 매우 중요한 점인데, 앞서 설명했듯이 자기 개방은 친밀감을 위해서 반드시 필요하다. 나의 부족한 점이나 나의 부적절하고 불편한 감정을 이야기할 수 있을 때 사람들 사이에는 친밀감이 생긴다.

사람들이 연말 모임에서 가장 불편한 것이 사람들의 자기 자랑이라고 한다. 사람들은 자기 자랑을 하면 사람들이 자신을 좋아해줄 것이라고 생각한다. 하지만 그것도 어느 정도일 때다. 오히려 자신의 부족함과 어려움을 꺼낼 때 사람들 사이에는 친밀감이 생기고, 그것을 서로 알아봐줄 때 그 모임은 오래가게 된다. 그런 친밀감을 만드는 대화가 없는 모임은 공허하다.

어떤 사람들은 자신이 왜 외로운지도 모르고 외롭게 살아간다. 그런 외로운 사람들은 대부분 다른 사람들을 지지하거나 응원하는 일이 거의 없고, 상대방의 아픔이나 어려움을 건드리거나 그것을 건드릴 목적으로 자신을 자랑하곤 한다.

그러면서 그들은 말한다. 나처럼 괜찮은 사람이 어디 있느냐고. 그럴지도 모르지만 그러기가 쉽지 않다. 자랑을 늘어놓는 것이 결코 사람들과의 친밀감을 만드는 데는 도움이 되지 않는다. 차라리 나도 너처럼 외롭다고 말하는 것이 낫다.

수용과 공감이야말로
성공의 비결

성인교육학을 학문 분야로 세운 학자들 중 한 분인 잭 메지로우(Jack Mezirow) 교수님이 박사과정 수업에 들어오셨다. 박사과정 신입 학생들에게 박사과정에서 배우는 내용에 대해서 교수님들이 번갈아 들어와서 설명하는 수업이었다.

전설적인 학자이자 명예교수님이 오신다 하니 학생들이 꽤나 들떠 있었다. 시간에 맞춰 들어가니 교수님이 먼저 와서 기다리고 계셨다. 나이가 많이 드신 노교수셨다. 생각보다 체격도 왜소하시고 목소리도 떨리셨지만 차분하게 본인의 이론을 설명하셨다. 그리고는 질문을 하라고 했다. 교수님은 이성적인 비판적 사고를 통해서 성인이 생각하는 방식을 바꾸는 학습을 한다는 '전환 학습' 이론의 창시자다. 그 이론은 지난 40년 가까이 너무 이성만을 중시했다는 비판을 받아왔다.

그날도 한 학생이 그런 질문을 던졌다. 40년간 비판을 받아왔고 40년간 그에 대해서 설명을 해왔다. 교과서만 읽어봐도 그에 대한 대답은 나와 있지만 새로 들어온 박사과정 학생은 또 그 질문을 했다.

나는 내심 조마조마했다. 대학자에게 해묵은 비판적인 질문을 한다는 것이 예의에 어긋나는 것이 아닌가 싶어서 말이다. 한편으로는 얼마나 근사하게 받아치실까 기대가 되기도 했다. 세계 최고의 지성이고 수십 년간 쟁쟁한 학자들 사이에서 얼마나 자신의 논리를 갈고닦았겠는가.

교수님은 그 질문을 듣고 숨을 한 번 들이쉬셨다. 그리고 천천히 말문을 여셨다. "맞습니다. 내 이론이 너무 이성의 역할에만 치우쳐 있습니다. 감정이 이성만큼, 어쩌면 이성보다 더 학습을 하는 데 중요할지도 모릅니다. 하지만 내가 잘 아는 것이 그것이었습니다. 그래서 거기까지밖에 이야기를 못 했습니다. 이 이론은 열린 이론입니다. 제군들이 다른 요소들에 대해서 더 연구해서 같이 발전시켜나가 주십시오."

이 대학자의 대답은 나의 생각을 정확하게 빗나갔고, 나의 긴장과 흥미를 한순간에 경외로 바꿔놓았다. 교수님의 이론을 연구하는 국제 학회가 격년으로 열리고 있다. 그가 작고한 이후에도 수많은 학자들이 그의 이론을 연구하고 갈고닦고 있다. 그의 말대로 그의 이론은 더 이상 수정할 것이 없는 완벽한 것이 아닌, 수많은 학자들이 계속 고민하고 발전시킬 수 있는 대상이 되었다. 어떤 이론이 세상에서 빛을 볼 수 있는 이유는 그 이론 자체가 완벽해서일 수도 있다. 하지만 그것이 아무리 완벽하더라도 사람들이 그 이론을 주장한 사람을 싫어하거나 그에게 배우려 하지 않는다면 그 이론을 배워서 또 가르치지 않을 것이고, 그렇게 되면 그 이론은 세상에서 빛을 보지 못할 수도 있다.

대학자는 이론의 완벽성을 만들기도 한다. 그리고 그것을 추종하는 무리들이 대학자를 만든다. 똑똑해서 성공하는 것이 아니라 그의 이야기에 귀를 기울여주고, 이해하려고 하고, 그와 함께 일을 해주는 사람들이 있어서 성공하는 것이다.

"나는 네 편이다"라고 응원하기

개구리 2마리가 물이 없는 우물에 빠졌다. 그 소리를 들은 온 동네 개구리들이 우물가로 몰려들었다. 그리고 그 개구리들에게 안타까움을 표했다. 이 2마리의 개구리는 그 우물을 빠져나가기 위해서 계속 뛰어올랐다. 그러나 우물은 그들이 뛰어서 나갈 만한 깊이가 아니었다.

그들을 바라보던 개구리들은 처음에는 그들에게 더 뛰어올라오라고 했다. 그러나 그들의 계속된 실패를 보고는 이제는 "괜히 힘 빼지 말고 비가 올 날을 기다리라"고 위로의 말을 하기 시작했다.

그러자 한 개구리는 뛰는 것을 멈추고 힘을 조금이라도 덜 빼서 삶을 조금이라도 연장하는 것이 낫겠다는 생각을 하고 주저앉았다. 하늘은 푸르르며 비는 언제 올지 모르는 일이니 말이다. 비가 와서 물이 차면 빠져나갈 수 있지 않은가.

하지만 나머지 한 마리는 계속 뛰었고, 그를 바라보는 개구리들은 더욱 열심히 그를 말렸다. "괜히 힘 빼지 말고 편히 쉬세요"라고 말이다. 그러나 그 개구리는 더욱 열심히 뛰어올랐다.

꽤 시간이 흐른 후 그 개구리는 드디어 그 우물을 벗어날 수 있을 만큼 크게 뛰어오르게 되었고, 결국 그는 우물을 빠져나올 수 있게 되었다. 구경을 하던 개구리들은 너무 놀랐다. 그래서 어떻게 된 것이냐고 물으니 그 개구리는 이렇게 답했다. "나는 귀머거리예요. 그래서 당신들의 말을 들을 수가 없었어요. 그리고 우물이 너무 깊어서 뭐라고 말하는지 입모양을 보고도 알 수 없었어요. 다만 저를 너무나 열심히 응원해주셔서 정말 죽을 힘을 다해서 뛰었어요"라고 말이다.

코칭에는 여러 가지 요소가 있지만 기본적으로 코칭은 응원이다. 코칭을 20년 가까이 하다 보니 예전에 나에게 코칭을 받았던 분들이 다시 나를 찾아 연락하는 일들이 종종 일어난다. 클라이언트 분들은 나에게 말한다. "선생님 덕분에 제가 정말 원하던 삶을 살 수 있게 되었어요." "선생님이 말씀해주신 대로 지금 잘 살고 있어요."

나는 이런 이야기를 들으면 참으로 어리둥절하다. 뭐가 내 덕분이라고 하는 것이며, 내가 무슨 말을 해줬는지 말이다. 다 본인들이 열심히 해서 생긴 삶에 나를 얹어주니 감사할 따름이긴 하지만 말이다. 곰곰이 생각해보면 그렇다. 그들은 참으로 용감한 도전을 한 사람들이다.

그들이 도전할 때 주변에서 다 말리고 안 된다고 했

지만 거기에서 하면 될 거라고 응원해준 사람이 나밖에 없는 상황이 많았다. 나는 대부분 누구의 삶이든 그 사람이 원하는 삶이라면 응원한다. 그것이 세상의 잣대로 봤을 때 터무니없더라도 나는 그것을 응원하는 것이 옳다고 생각한다. 왜냐하면 아닌 것도 해봤을 때 안 되는 것을 알아야 후회가 없고 깨끗하기 때문이다. 결국 해보고 후회하는 것이 안 해보고 후회하는 것보다 낫다. 그런데 응원만 해준 나를 그들은 자신들의 성공에 일등공신으로 삼아준다.

사실 나도 응원을 하면서 속으로 반신반의하는 경우가 많았다. 초기에는 응원을 거의 기술로 해결했던 적도 있었다. 정말 클라이언트가 간절히 원하는 것을 응원해주지만 마음은 표현하는 만큼 온전히 응원하지 않은 것이다. 그러나 그렇게 응원한 사람들이 그 불가능해 보였던 것들을 해내는 것을 보게 되었다. 컴퓨터 관련업에서 10년을 일한 순박해 보이고 말까지 더듬는 대기업 과장이 외국계 보험회사에서 영업을 하고 싶다고 했을 때도 그랬고, 식품회사 연구원으로 10년을 근무한 사람이 느닷없이 유통업체 MD를 하고 싶다고 할 때도 그랬다.

그들을 응원해주는 사람은 나밖에 없었다. 커리어 전문가라는 사람들은 이런저런 이유를 들어서 그들의 전직을 불가능하다고 단정했다. 내가 인력시장을 몰라서 응원한 것도 아니고, 가능성을 몰라서 응원한 것도 아니다. 나는 그 사람들의 삶을 응원한 것이고, 나 역시 상담을 배우러 유학을 갈 때, 유학을 마치고 대기업에 입사할 때, 그 대기업을 떠날 때 무수히 "안 된다"는 이야기를 들었다. 하지만 다 돌파해냈고, 남들이 안 된다는 것들을 해내는 것이 내 삶의 작은 기쁨이 되었다.

뜻이 있으면 기적처럼 그것들이 이뤄진다. 위에 말한 2명 모두 전직에 성공했다. 보험회사로 옮긴 분은 그해 그 회사에서 가장 실적이 좋은 사람들 중 하나가 되었고, 1년 동안 100군데 지원을 한 식품 연구원은 마트를 운영하는 대기업 MD로 자리를 옮겼다. 나는 더욱 강력한 응원가가 되었다.

후배들에게도 그렇다. 기왕 일을 하게 될 것이면 그것을 잘할 것이라고 응원해주고 지지해주는 것이 필요하다. 일을 시키고 의심의 눈초리를 계속 보내면 결국 그 의심의 눈초리에 주눅이 들어서 자신의 최선을 발휘하지 못하고 만다. 반면 실력이 부족하더라도 상사가 응원을 계속 해준다면 그 응원에 보답하기 위해서 최선을 다할 것이다. 프로스포츠 선수들이 매번 응원해주는 관중들께 감사를 언급하는 것은 예의 차리기가 아니다.

누군가의 열렬한 응원을 받는다는 것은 없던 힘도 나게 한다. 우리가 2002년 월드컵에서 선수들의 활약을 계속 보고 또 보면서 열광할 때 선수들은 국민들의 열화와 같은 응원을 계속해서 돌려보며 열광했다고 하니, 응원이라는 것은 사람들에게 믿기지 않는 힘을 끌어내는 것 같다.

그런데 왜 우리는 응원에 박할까? 성공과 실패는 5:5의 확률을 가진다. 실패를 하게 되면 상대에 대해 내가 예측한 대로 실패를 한 것이 되고, 성공을 하면 그냥 넘어가게 된다. 따라서 응원보다 실패를 예측하며 말리는 것이 더 안전한 방식이 된다.

또한 하라고 했을 때 잘못된다면 그 탓을 내가 떠안아야 하는 부담이 있을 수도 있다. 그러나 실패의 원인을 진심으로 응원한 사람의 탓으로 돌리는 사람은 그냥 늘 남 탓을 하는 사람이라고 보면 된다. 이것은 사람의 성향이지, 응원하고 응원하지 않는 것의 차이는 아니다. 그래도 응원이 부담된다면 이렇게 응원하면 된다. "네가 무엇을 하든지 나는 네 편이다. 결국은 큰 성공을 거둘 사람이라는 걸 내가 안다. 너는 뭐든지 해내는 사람이니까. 그만큼 신중한 사람인 것도 알고 있다." 진정한 팬은 응원하는 팀이 져도 꼴찌를 해도 떠나지 않는다.

리더는
현명한 바보

사람들에게 '리더' 하면 떠오르는 사람이나 단어를 떠올려보라고 질문을 해봤더니, 답변자 중 90% 정도가 첫 번째로 나오는 대답은 '카리스마'였다. 그 외의 대답도 대부분 카리스마 있는 리더들의 이름이었다. 스티브 잡스, 정주영 회장, 박정희 대통령과 같은 사람들이다. 그리고 그들의 전형적인 모습이 리더의 모습이라고 생각하고 그들의 리더십과 비교해 스스로의 리더십을 평가하는 경우도 적지 않았다. 그렇다면 리더십은 카리스마인가?

그들 말고도 떠올릴 만한 실질적인 리더들이 사실은 많다. 빌 게이츠, 마크 저커버그, 오바마 대통령, 우리나라의 이건희 회장, 김범수 의장, 히딩크 전 국가대표 축구팀 감독과 같은 사람들 말이다. 그런데 왜 사람들은 마치 짜기라도 한 듯이 리더라면 카리스마가 있는 리더부터 떠올리게 될까? 이유는 그런 카리스마를 가진 리더들이 강렬한 인상을 주기 때문이다.

업적으로 치면 그에 못지않은 카리스마를 갖지 않은 리더들이 많지만, 사람들은 이 카리스마를 가진 사람들에게서 강한 인상을 받는다. 그리고 이 카리스마를 가진 리더들은 강렬한 인상 관리를 통해서 리더십을 발휘하기 때문에 사람들이 더욱 많이 기억한다.

그러나 여러 가지 리더십 이론을 가르치고 여러 리더들에 대해서 배운 후에 사람들에게 어떤 리더가 되고 싶은지, 어떤 리더와 함께 일을 하고 싶냐고 물어보면 정반대의 대답이 돌아온다. 카리스마보다는 부하직원을 믿고 맡기는 임파워먼트(Empowerment) 리더십이나 부하직원을 섬기는 서번트(Servant) 리더십을 원한다고 답한다.

이런 종류의 리더로 일본 미라이 공업의 야마다 아

키오 사장(山田昭男)을 나는 대표적인 예로 꼽는다. 일본 소도시에 자리 잡은 제조 중소업체인 미라이 공업은 일본 평균 경상 이익률을 5%로 봤을 때 15%의 경상 이익률을 달성하고, 직원 연봉이 대기업 수준이면서 일본 내에서 가장 많은 휴일을 보장해주며, 지난 일본의 장기불황 속에서도 끊임없는 성장을 해온 기적과도 같은 강소기업이다. 세계에 그 사례가 소개되기도 했다.

이 회사의 야마다 아키오 사장은 어떤 사람일까? 그는 기행에 가까운 리더십을 발휘한다. 그는 성과제도라든가 비정규직 등 현대 경영학에서 효율성을 기한다는 제도를 하나도 사용하지 않는다.

전원 정규직 70세 정년 보장에 승진은 제비뽑기 수준에서 이뤄지고, 사장은 출근하지만 경영에 직접 관여하지 않는다. 그는 직원들에게 휴가를 주고 계속적으로 생산적인 아이디어를 낼 수 있는 직장의 울타리를 제공할 뿐 딱히 하는 일이 없다. 그가 실내복 수준의 차림으로 온 회사를 돌며 전기를 아껴 쓰라고 안내문을 붙이거나 하루 종일 전국의 공연 전단지를 자신의 사무실 벽에 붙이고 있는 모습을 보면, 도대체 한 회사의 사장이라는 느낌이 들지 않는다.

하지만 그는 리더십 관점에서 보면 놀라울 정도로 훌륭한 리더십을 발휘하고 있다. 그는 직원들의 사기를 진작시켜서 몰입을 증대시키고, 직장 내에 불필요한 질투나 경쟁을 없앰으로써 팀워크를 증진시킨다.

어렵고, 평가하고, 야단치는 리더가 아니다. 그렇기에 이 회사는 수많은 아이디어의 실험실로 존재할 수 있고, 그런 기술 발전이 이 회사에 많은 이득을 가져다준다.

그는 한마디로 말해 '현명한 광대/바보'다. 그는 조직 내에서 광대 역할을 한다. 가볍고 재미있는 분위기를 만들어주고, 중요한 이야기를 유머와 재치를 통해서 전달한다. 듣는 사람은 긴장하지 않지만 그것은 매우 중요한 사안이다. 이 분위기는 자연스럽게 사람들에게 파고 들어가서 자리 잡는다.

재미있는 사실은 이 야마다 아키오 사장이 소싯적에는 연극인이었는데 그때 했던 역할이 무대 설계였다. 그는 회사라는 무대를 근사하게 설계하고 직원들이 최선을 다해서 성장할 수 있도록 했다.

몇 년 전 내 수업을 들은 적이 있던 중소기업 CEO가한 회사를 합병하면서 그 회사 인수팀과 기존 임원들에 대한 팀코칭을 의뢰한 적이 있다. M&A만 3~4차례 무산된 매우 분위기가 안 좋은 회사였다. 그러나 CEO의 의지로 임원들 대상으로 코칭이 진행되었다. 새로운 리더는 기존의 리더와는 다른 사람이었다.

그는 겉으로 보면 매우 여유만만해 유머가 넘치는 사람이었다. 보통은 말이 많지가 않다. 코칭에 함께 참여한 CEO는 대신 내가 코칭을 하는 데 아주 많은 역할을 해줬다.

실패를 두려워하지 않는 조직문화에 대해서 설명을 하자 그는 "이거 만들면 어떻게 될까? 궁금하지 않아요? 실패해도 괜찮아요. 어차피 100개 개발하면 하나 터져서 먹고사는 건데" 하면서 거들었다.

그는 쉬는 시간이나 식사 시간이면 자신이 너무 잘생겼다며 농담을 던지는데, 별로 재미가 없다. 그런데 직원들은 재미가 없다며 CEO에게 "너무 썰렁해요, 대표님" 하며 또 재미없는 농담을 주고받는다. 카리스마와 권위의식 넘치는 전임 CEO를 경험했던 임원들에게 새로운 대표는 놀랍도록 신선했다. 그리고 그 회사는 인수되던 해에 전년 매출 대비 250% 매출을 달성하는 위업을 세웠다. CEO에게 도대체 어떻게 하신 거냐고 물었다.

그는 당연한 듯 말한다. "저도 몰라요." 그리고 더욱 놀라운 말, "사실 저는 이 회사가 뭘 하는 회사인지 아직도 정확하게 몰라요." 그는 모르기 때문에 임원들에게 믿고 맡길 수밖에 없었고, 모르기 때문에 임원들 교육을 전문가에게 의뢰를 했고, 모르기 때문에 위험도 감수할 수 있었다.

그는 회사의 당해 비전인 '연 매출 500억 달성'도 나에게 비전 선포식 전날 전화로 문의해서 받은 문장이었다. 그래서 말이 많지 않았을 수도 있겠다. 회의 시간에는 임원들이 이야기를 너무 많이 해서 이야기만 듣다가 한마디도 못하고 나왔다고 투덜거리고, 우리회사에 실세는 따로 있어서 자신은 편하다고 자랑을 한다. 전문성이나 카리스마 없는 리더가 성공할 수 있을까? 물론 성공할 수 있다.

최근 한 중소기업에서 임원 팀코칭과 CEO 개인코칭을 진행했다. 용의주도와 완벽주의를 가지고 있는 CEO는 자신이 변해야 함을 직감하고 있었다. 그리고 그는 코칭이 진행되면서 이런저런 사례를 접하고 스스로 그 알을 깨고 나가기 위한 노력을 시작했다.

어느 날 임원 팀코칭에서 한 임원이 물었다. "교수님, 저희 대표님께 대체 무슨 짓을 하신 거예요? 요즘처럼 밝은 얼굴은 지난 몇 년간 본 적이 없어요." 그러니 옆에서 임원이 거들었다. "지난번에는 노래방에서 노래를 부르시더라고요. 그런 모습 처음 봤어요. 회의시간에도 농담도 던지시고요."

용의주도하고 권위 있는 CEO의 모습을 보여주기 위해서 지난 몇 년간 노력했지만 모두 힘든 지경에만 이르렀다. 그러다 이제야 CEO는 카리스마가 있어야한다는 리더의 상을 버린 모양이다. 그리고 그는 조직원들이 쉽게 다가갈 수 있으며, 조직의 불안과 어려움을 흡수할 수 있는 편안한 모습의 리더로 거듭나려고 노력하고 있다.

CEO는 카리스마로 조직원들을 불안하게 하고 겁나게 하고, 부족하다고 자책하게 하는 것은 의미 없다는 것을 깨달았다. 그렇다고 진짜 그의 속이 편할까? 그것은 다른 차원의 문제일 것이다. 사장님이 말씀하신다. "당신들이 좋다면 다행입니다."

부족함을 드러내는 순간
코칭이 일어난다

대기업 임원 그룹코칭을 할 때의 일이다. 5주간 진행을 하는데, 네 번째 진행하는 주에 나는 이사를 하게 되었다. 워낙 애착을 가지고 하는 코칭이고, 일에 있어서는 완벽주의적인 성격이 있는 데다가, 아침 7시부터 코칭이 이뤄져서 전날 밤잠을 설치는 날이 대부분이었다. 게다가 뜨거운 여름, 밤새 뜨거워진 건물을 식히기 위해 코칭을 시작할 때면 온 건물의 에어컨이 맥시멈으로 가동되었다. 결국 기관지염을 얻었고 자꾸 기침을 했다.

그 주에 나는 이사를 해 몸도 마음도 모두 피곤한 상태였다. 속이 바짝 탄 나는 의사에게 사정을 이야기했고, 의사는 스테로이드를 처방해줬다. 그러지 않아도 스트레스를 받는 데다가 스트레스 호르몬과 유사성분인 스테로이드 약제까지 복용했다. 덕분에 몸 컨디션은 매우 좋았다. 그러나 결국 이 스테로이드 약으로 인해 그날 사고를 치고 말았다. 그날따라 임원들이 말수가 적었다. 그러자 나는 초조해졌다. 그리고 말했다.

"오늘은 왜 이렇게 말씀들이 없으세요? 오늘 피곤하신 가요?" 그리고 거기서 멈추지 않고 "어제 회식하셨어요?"까지. 나는 내가 그 말을 뱉은 순간 절대 하지 말아야 할 말을 했음을 바로 깨달았다. 코칭에서 다그치는 말, 비난하는 말, 비꼬는 말은 절대 하지 말아야 한다. 나는 삼단 콤보를 해내고야 말았다.

그날 이후 다음 회기까지 나는 내가 코칭을 가르치는 모든 클래스에서 소위 고백과 회개를 했다. 그리고 마지막 코칭 회기에 들어가서 그들 앞에서 이야기했다.

"제가 지난 시간에 사실 굉장히 큰 실수를 했어요. 사실 그 실수 때문에 지난 한 주간 너무나도 괴로웠답니다." 그들은 의아한 표정을 지었다. "제가 지난 시간에 말씀들이 없으시다고, 피곤하시냐고, 회식하셨냐고 했잖아요. 사실은 그게 제가 찔려서 괜히 그걸 상무님들께 그 탓을 돌리려고 했나 봐요. 제가 사실 지난주에 이사를 하고 기관지염에 걸려 기침을 많이 해서 피곤하고, 약도 세게 먹고 있었어요. 그러다 보니 제가 피곤한 것이 들통날까봐 그랬고, 제가 느끼는 감정을 상무님들이 느끼는 감정이라고 제가 마음대로 투사를 했어요. 그러고 나서 얼마나 마음이 무거웠는지 몰라요."

그러자 한 명이 입을 열었다. "코치님, 저는 정확하게 그 상황이 기억이 나요. 그런데 그게 그렇게 자책할 말인가요? 저는 그보다 10배는 심한 말도 하루에 몇 번씩 하는걸요." "상무님은 이런 커뮤니케이션이 전공이 아니시잖아요. 저는 이것이 제 전문 분야이기 때문에 굉장히 높은 수준의 완벽성을 기하고 있어요. 저도 평소에는 이보다 100배 심한 말도 하겠죠. 하지만 저는 무대에 올라간 가수와 같이 저의 전문성을 펼쳐야 하는 시간에 음이탈을 하고, 놀라서 가사가 틀리는 실수를 한 거예요. 그러다 보니 너무 괴로워서 만나는 사람들한테마다 제 실수 이야기를 했답니다."

이후 참가자들은 자신들이 해온 실수와 그들이 잘하고 싶은 마음 등에 대해서 허심탄회하게 털어놓았고 진정한 자기반성을 하기 시작했다. 또한 희망을 가지고 실질적인 계획을 이야기했다. 긴장이 풀어진 정말 편안한 얼굴을 만날 수 있었다. 그는 잠시 후 코칭을 마치면서 소감을 나누는 장면에서 이렇게 이야기했다.

"코치님이 자신의 부족함과 실수를 털어놓고, 그래서 저의 부족함 등을 이야기할 수 있었던 것이 너무 큰 도움이 되었어요. 저는 코치라는 사람들이 와서 이렇게 말해라 저렇게 말해라 하면서 자신들은 완벽하게 사는 사람처럼 우리를 가르치는 것이 정말 마음에 안 들었어요. 그런 교육도 많이 받는데 하나도 와닿지 않았어요. 그런데 코치님이 자신의 실수에 대해서 털어놓고 그것에 대해서 자책하는 것을 보면서 나도 반성하고 조심하면서 말해야겠다는 생각을 하게 되었어요. 원래 그렇게 태어난 사람이고 평생 그렇게 코칭적으로 이야기하고 사는 사람이 아니라 아직도 더 나아지기 위해서 반성하는 모습이 너무나 인상적이었습니다."

5주간 내가 했었던 수많은 주옥같은(?) 이야기들은 다 잊고 나의 실수담만 기억하다니, 나로서는 순간 억울하기까지 했다. 하지만 그의 표정에서는 그 어떤 장난이나 거짓도 느껴지지 않았다. 미국에서 가장 영향력이 높은 심리학자 2위로 꼽히는 칼 로저스(Carl Ransom Rogers, 1위는 프로이트다)의 말이 실감 나는 순간이었다. 그는 모든 인간은 바르게 성장하고자 하는 의지와 능력을 가지고 있다고 봤다. 따라서 심리 치료라는 것은 치료자의 진정성, 정확한 공감, 그리고 무조건적인 존중만 있으면 가능하다고 주장했다. 그러나 이것은 결코 완성되는 것이 아니며, 그것을 이루어가기 위한 상담자의 고행(struggle: 애씀, 어렵게 해내려고 함)이 상담의 일부가 된다고 했다. 나의 애씀이 그들에게 닿는 순간이었다. 부족하지만 애쓰며 사는 인간이면 충분하다.

"괜찮아"라는
한마디의 힘

"선생님, 저 도둑질 한 적이 있어요."
"선생님, 저 원조교제를 했어요."
"저, 친구를 왕따시키고 괴롭힌 적이 있어요."
"저, 죽으려고 손목을 그은 적이 있어요."
"저, 폭주족이었어요."
"저, 본드했어요."

지금으로부터 약 20여 년 전 일본의 밤거리의 청소년들이 한 이야기들이다. 미즈타니 오사무(水谷修)라는 야간고등학교 교사는 수업이 끝나면 밤의 세계 아이들에게로 나선다. 그리고 이런 이야기를 듣는다. 그리고 그의 대답은 늘 한 가지다.

"괜찮아."

이 이야기를 강의장에서 하면 사람들은 기가 막히다는 표정을 짓는다. 그렇게 엉망진창으로 살고 있는 청소년들에게 그것이 할 말인가? 대체 무엇이 괜찮다는 말인가? 그들에게 잘못 살고 있는 삶을 깨닫게 해주고 바르게 살아가야 하는 삶을 가르쳐야 하는 것이 교사의 역할이 아닌가 말이다.

하지만 그는 말했다. "괜찮아. 어제까지의 일은 괜찮아. 이제 앞으로 어떻게 해야 할지 우리 같이 생각해보자꾸나."

실명 출생 등록을 해야만 입양을 시킬 수 있도록 입양과 관련된 법이 바뀌면서 실명 출생 등록을 할 수 없는 부모들을 위해 이종락 목사는 '베이비박스'라는 것을 만들었다. 절박한 여성들이 어쩔 수 없이 아이를 버리고 간다. 이종락 목사는 아이를 버리러 온 여성에게 "잘했다"고 한다. 아니, 아이를 버리러 온 것이 뭘 잘했다는 것인가? "다른 생각을 하고 아이를 낳지 않을 수도 있었을 텐데, 이렇게 아이를 낳았으니 잘했다"라고 말한다.

미즈타니 오사무 선생이나 이종락 목사가 정말 이들의 행동이 '옳다'고 생각해서 괜찮다고 하고, 잘했다고 하는 것일까? 그들이 그런 행동을 조장하는 것일까? 하지만 미즈타니 오사무 선생은 제도권에서 하는 것보다 훨씬 더 많은 아이들을 낮의 세계로 돌려보냈으며, 이종락 목사 앞에서 "잘했다"라는 소리를 듣고 펑펑 우는 여성들은 자리를 잡으면 아이를 데리러 오겠다고 약속하고, 실제로 아이를 찾으러 오기도 한다.

사람들은 자신의 잘못을 보통은 안다. 잘못인 줄 알아도 하게 되는 것도 있고, 잘못을 하고 나서 잘못된 것을 깨닫기도 한다. 후안무치의 인간은 그렇게 많지 않다. 그래서 잘못을 하고 나면 그것에 대한 죄책감이나 자책, 그리고 부끄러움이나 두려움과 같은 감정을 갖게 된다. 거기서 누군가가 이 무거운 마음에 "괜찮아"라고 이야기해준다면 듣는 사람은 어떤 느낌을 가지게 될까?

이미 저질러진 일을 되돌릴 방법은 없다. 하지만 그것을 수습할 수 있는 사람은 그 일을 저지른 사람이다. 그 사람에게 "괜찮아"라는 한마디는 그 수습을 할 작은 용기를 낼 수 있게 해준다.

잘못을 꾸짖고 판단하고 단죄를 하는 것이 나의 높은 도덕성, 삶의 잣대, 명석한 판단력을 증명하는 것이라고 생각할지도 모르겠다. 그리고 인간은 누군가 뭔가 잘못하고 있다 싶으면 그것을 바로잡아주고 싶은 교정반사라는 것을 가지고 있다. 따라서 남이 잘못한 것에 대해서 즉각적이고 신랄하게 이야기하는 것이 자신의 능력 혹은 인간된 도리라고 생각을 하기도 한다. 하지만 과연 그럴까? 나의 잘못을 관용해주는 사람을 우리는 만만하게 보고 그 잘못을 계속해도 괜찮다고 생각할까?

모 대학에서 개론 과목을 세 명의 교수님이 가르친다. 2명의 교수님은 아이들을 결석과 지각을 시간으로 쪼개고, 숙제 검사도 0.5점 단위로 감점을 한다. 하루 늦게 내면 1점씩 감점을 한다. 나머지 한 명의 교수님은 결석은 2점, 지각은 1점 감점이고, 숙제는 내기만 하면 그것을 가지고 감점 없이 기말에 점수를 매겼다. 조교들이 난리다. 교수님이 이렇게 느슨하게 하시면 학생들이 제대로 안 듣고 숙제도 다 막판에 내고 다들 수업 끝날 때 즈음해서 수업에 들어올 것이라고 말이다.

하지만 한 학기를 마칠 때 가장 '느슨했던' 교수님 수업의 학생들의 출석률과 과제 제출이 가장 좋았으며, 단 한 명의 중도 탈락자도 나오지 않은 유일한 수업이 되었다. 조교들도 모두 놀랐다. 딱히 언변이 더 좋거나 수업을 더 재미있게 한 것도 아닌데 말이다.

만년 2등을 하던 초등학교 스키선수가 기어코 1등을 하겠다고 전지훈련까지 갔다 왔다. 그의 부모는 넉넉지 않은 경제 상황이었지만 아이의 꿈을 위해 꽤 많은 돈을 투자했다.

그러나 시즌 첫 번째 대회에서 아이는 코스를 이탈해 탈락을 하고 말았다. 탈락을 하고 부들부들 떨면서 슬로프를 내려온 아이는 그의 어머니 앞에 섰다. 눈물을 글썽이며 "엄마" 하는 아이에게 어머니가 말했다. "괜찮아. 올림픽 나간 선수들도 그렇게 탈락하더라. 박태환 선수도 첫 올림픽 나가자마자 그랬어." 그리고 그다음 대회에서 아이는 결국 1등을 해내고 말았다.

관대함이
남는 거다

　성과로 전국 꼴찌를 앞다투던 은행 지점장이 적금 등의 상품을 가입한 고객들에게 라면 5개 들이 하나씩을 주는 프로모션을 진행했다. 그 지점장은 은행 데스크 뒤쪽으로 산더미처럼 라면을 쌓아놓았다. 적금을 하나 가입한 고객에게 라면을 하나 주자, 한 고객이 "하나만 더 줘"라고 한다. 직원이 난처해하며 지점장에게 와서 물었다.

　그러자 그 지점장이 말했다. "3개를 드려라. 하나는 주기로 한 것이니 드리고, 2개를 주면 본인의 욕심을 채우는 것이고, 3개를 주면 하나를 더 달라고 하면서 깎인 체면을 세워주는 것이고, 그래서 진짜 사은품이 되는 것이니 3개를 드려라."

　실제로 그렇게 라면을 3개나 받은 손님은 입이 귀에 걸렸다. 신이 나서 온 동네방네에 소문을 냈다. '안 된다'고 말하는 것보다 직원도 고객 앞에서 면이 서고 인심 쓰는 기분도 낼 수 있는 일이었다. 사람들은 라면 3봉지를 받는 특별 대우를 받기 위해 몰려왔고, 그해 그 지점은 실적 전국 1등에 올랐으며, 데스크에서 고맙다 소리 들으며 일하던 3명의 비정규직 사원은 모두 정규직으로 발령이 났다.

세계적인 호텔 체인인 리츠 칼튼 호텔은 호텔 프런트 직원들에게 월 200여 만 원 한도 내에서 고객의 요청에 응대할 수 있도록 해놓았다. 즉 고객의 요청이 200만 원의 한도를 넘지 않을 때 그것을 매니저에게 묻지 않고 그 요청에 대응할 수 있게 말이다. 보통 특별 할인을 해달라고 하거나 조식을 서비스로 해달라는 요구를 하는 손님들이 있다. 그런 경우는 프런트 직원이 매니저에게 물어보겠다고 한다. 그러나 이것은 매니저가 손님 위에 있다는 것을 의미한다. 리츠 칼튼에서는 그것을 묻지 않고 고객의 요청에 응할 만한 상황이 된다고 프런트 직원이 판단을 할 경우에는 그것을 집행할 수 있게 했다. 호텔은 직원에게도 관대한 것이고, 고객에게도 관대한 것이다. 이 관대함을 경험한 사람들은 그곳에 충성하게 된다.

누군가에게 너그러운 사람이 된다는 것은 그 사람이 나에게도 너그러워지게 되는 가장 간단한 길이다. 예수님이 말씀하셨다. "대접받고 싶은 대로 대접하라."

내가 좋아해주면, 내가 봐주면, 내가 용서해주면 나도 사람들이 좋아해주고, 잘못해도 좀 봐주고, 그리고 죽을 죄가 아니면 용서해준다.

친절하고
관대한 사람

당신은 다른 사람들에게 어떤 사람으로 이야기되고 싶은가? 당신은 어떤 사람으로 기억되고 싶은가? 앞에 쓴 모든 것을 학습한 나는 '친절하고 관대한 사람'이 되고 싶다. 내가 본 내가 좋아했던 어른들은 하나같이 친절하고 관대한 사람들이었다. 잘못을 지적하고 벌주고 야단치는 사람들은 피하고 싶은 사람 리스트에 올라간다.

운전을 못하는 나는 경기도 지방에 강의를 갈 때 보통 택시를 이용한다. 요즘은 모바일 앱으로 낯선 곳에서도 택시를 부를 수 있다. 택시 기사들은 보통 운행을 하는 지역의 지리나 교통상황은 잘 알지만 다른 도시에서는 약한 모습을 보인다. 특히 서울이 아닌 지역의 기사님들이 서울에 오시면 굉장히 당황을 많이 하시고 실수도 하신다. 그래서 웬만하면 경기도에서도 서울 택시를 부르려고 한다. 그러나 연수원이 외진 곳에 있으면 서울 택시가 없다. 어쩔 수 없이 그 지역 택시를 불렀다.

한참 만에 택시가 도착했다. 그 택시를 잘 타고 서울에 들어왔다. 그런데 기사님이 두어 번 정도 내비게이션의 안내를 놓치더니 결정적으로 엄청 돌아가야 하는 엉뚱한 길로 들어섰다. 도착시간이 30분이 늘어났다. 그러자 퇴근시간에 걸려버렸다. 길은 너무 막히고 결국 예상시간보다 1시간이나 늦게 집에 도착했다. 너무 화가 났다. 그러나 그때 나는 생각했다. '나는 친절하고 관대한 사람이다.'

집에 도착했을 때 기사님께 결제를 위해 카드를 내밀고 현금 만 원을 꺼냈다. "기사님, 길도 익숙하지 않고 너무 막히는데 너무 고생 많이 하셨어요. 카드로 결제하시고, 이거는 내려가면서 시원한 커피 사 드세요." 그러자 기사님은 "아닙니다. 제가 내비를 잘못 봐서 시간이 더 걸렸어요. 이러지 않으셔도 됩니다" 하면서 내 만 원짜리를 받지 않으셨다. "저는 이제 집에 들어가면 끝이지만 기사님은 다시 손님도 없이 이 막히는 길을 또 돌아가셔야 하잖아요. 받아주세요."이렇게 우리는 서로 실랑이를 하고 나는 거의 집어던지듯 만 원짜리를 앞자리에 놓고 내렸다.

집으로 들어오면서 생각했다. 내비게이션 안내대로 오지 않아 시간도 돈도 더 나온 것을 가지고 시비가 붙었으면 당연히 내가 이겼을 것이다. 하지만 나는 경기도에서 서울행 택시를 애타게 기다리던 순간을 떠올렸다. 그분이 아니었으면 나는 지금 경기도 어딘가에서 버스와 전철을 갈아타며 힘겹게 상경을 하고 있었을 것이다. 그 은혜를 잊어서는 안 되는데, 나쁜 의도도 없는 실수에 순간 욱하는 성미로 은혜를 원수로 갚을 뻔하지 않았나. 정말 잘했다는 생각이 들었다.

그리고 나는 그날도 '친절하고 관대한 사람 되기'라는 미션을 아주 잘 성공해냈다. 아마 기사님은 나중에 서울에 가는 손님의 콜이 뜬다면 "길도 낯설고 막히는 서울은 가지 않겠어!" 하는 대신 서울에 꼭 가야 하는 나 같은 손님을 기꺼이 받아주실 것이다.

물론 내가 모든 상황에서 그러는 것은 아니다. 화를 낼 때도 있고, 큰소리를 칠 때도 있다. 가까운 사람에게 쓸데없이 짜증을 내기도 한다. 그러나 나는 최대한 노력한다. 나의 친절과 관대함이 어느 날 나비의 날갯짓이 되어, 혹은 부메랑이 되어 잘못을 하고 달달 떨고 있는 나에게도 돌아오기를 말이다. 단순히 사람들이 나를 좋아하는 것이 아니라, 사람이 사람이라는 존재를 좋아하고 그들에게 기꺼운 마음으로 호의를 베풀면서 사는 사회를 나는 꿈꾼다.

존재만으로도 다른 사람들에게 위협이 될 수 있는 각종 금수저들이 존재한다. 자신은 열심히 했을 뿐이라고 하지만, 열심히 하는 모든 사람들이 그것들을 다 누리지 않으며, 누리는 것에는 반드시 세금이 붙는다. 나누고 베풀고, 그리고 낮추어야 한다. 본인이 가지고 누리는 것에 스스로가 정당하다고 해도, 다양한 삶들을 들여다보고 겸손한 자세로 자신을 보고 있는 시선을 관리해야 한다. 그러면 지금보다 더 큰 것을 얻을 수 있다.

5장

이미 많은 것을 가진
이들을 위한 라이커빌리티

러버블한 사람들이
라이커블하게 되기 위해서

안철수 씨가 최초로 서울시장 후보로 거론되던 시절, 그는 성공의 아이콘이었다. 사람들은 그에게 열광했다. 나 역시 친구들과 안철수 씨의 인터뷰 기사나 기고가 뜨면 즉각 돌려보곤 했다. 그러나 그는 지금 그저 그런 정치인이 되었다. 그는 아직도 정치에 야망을 가지고 있다. 어떻게 하면 그가 성공한 정치인이 될 수 있을까?

그는 성공의 아이콘이자 우리의 사랑을 듬뿍받는, 러버빌리티가 높은 사람이었다. 그는 평생 봉사를 한 의사 아버지와 어린 시절에도 아이를 존중해 존댓말을 쓰는 어머니에게서 자랐다. 서울대 의대를 졸업하자마자 정교수가 되었고 학과장이 되는 초스피드 승진도 했다. 성공한 벤처 사업가가 되어 돈도 어마어마하게 벌었다. 그리고 서울대 의대에서 만난 부인과 결혼을 했다. 미국 유학 이후 그는 카이스트와 서울대에서 교수가 되었고, 그의 부인은 미국에서 로스쿨까지 나온 후에 서울대 교수가 되었다.

그러더니 차기 대통령으로 물망에 오른다. 젊은이들은 그를 메시아인 듯 추앙하고 대중은 그에게 열광했다. 어디를 가든 티켓 파워까지 가지고 있었다. 더 훌륭한 후보라고 하면서 무명이나 다름없던 박원순 씨에게 따놓은 당상이나 마찬가지인 서울시장 자리를 양보하는 대인배의 모습까지 갖췄다. 정갈한 몸가짐과 외모까지, 그는 우리가 인생에서 바라는 모든 것을 다 가진 것처럼 보였다.

그러나 거기까지다. 그의 완벽해 보이는 성공을 더 이상 보고 싶지 않은 사람들도 많아진다. 그리고 정치인이 되면 어쩔 수 없이 적을 만들 수밖에 없다. 그 이후 그는 수많은 풍파를 겪었다. 이명박 전 대통령이 대기업에서 신화와 같은 존재로 명성을 떨친 후 국회의원, 서울시장에서 대통령이 된 것만큼 순탄치 않았다.

그가 계속 성공하려면 기존의 러버빌리티에 더 이상 의존하면 안 된다. 오히려 그것을 버려야 한다. 라이커빌리티로 갈아타야 한다.

앞서 이야기한 것처럼, 그는 보통 사람들과의 유사성을 내세워야 한다. 오히려 '실패의 아이콘'이 된다고 가정해보자. 한국의 링컨이 되겠다고 말이다. 링컨은 연이은 실패를 경험했지만, 그 모든 아픔을 딛고 대통령이 되었다. 그 이후에도 역대 대통령 중 가장 존경받는 대통령으로 기억되고 있다. 이처럼 실패를 알고, 가난한 인생을 알고, 그것을 딛고 일어난 그에게 사람들은 더 많은 호감을 갖는다. 여러 번 실패한 안철수 씨는 이제는 이런 것을 만들어낼 필요가 있다.

그가 개인적으로 똑똑한 것을 모르는 국민은 없다. 날카로운 촌철살인은 전혀 득이 되지 않는다. 의사임을 강조하고 사심 없이 봉사하는 모습도 감동적이지만, 라이커빌리티를 높이는 데는 별로 도움이 되지 않는다. 오히려 그보다 '스펙'이 좋지 않은 상대편의 전의를 불태우게 할 뿐이다.

대신 그가 보통 사람과 별로 다를 것이 없는 사람이라는 것을 보여줘야 한다. 성공하고 싶고, 부자가 되고 싶고, 자부심을 갖고 싶은, 다른 사람들과 같은 욕망을 가졌다는 것. 그리고 그것이 피 터지게 열심히 산 결과라는 것. 이런 것들을 대중에게 알려줘야 한다.

대구에서 창궐한 코로나19 바이러스 감염환자들을 돌보는 의료 현장에 봉사를 가는 것이 속으로는 무서워 내적 갈등을 겪었다는 것. 정치인으로 데뷔하면서 멋있어 보이려고 하다가 스텝이 꼬인 것. 목소리 긁으면 인기 많아질 줄 알고 했는데 다시 예전으로 돌아간 것. 완벽할 것 같은 그에게도 수많은 인간적인 모습들이 있다. 그것을 인정하고, 그것을 오히려 그의 정체성으로 내세우면 아마 여론이 바뀌게 될 것이다. 그런 모습을 전면에 드러낸다고 해서 그가 똑똑하고 성공을 많이 이루었다는 것이 사라지는 것은 아니다.

노무현 전 대통령은 사법고시 17회, 60명의 합격자 명단에 있었다. 당시 사법고시는 최고의 인재들이 도전하는 시험으로, 합격자들은 보통 천재가 아니었다. 국회에서 독재에 일갈하던 모습 때문에 10대들에게까지 인기를 얻었다. 그러나 그는 그것보다 고졸 변호사, 늘 변두리에서 도움이 필요한 사람임을 내세웠다. 단일화를 통한 대선 횡보에 도움을 구하기 위해 새벽에 정몽준 씨 집 앞에 찾아갔다가 거절당한 모습이 사람들의 마음을 두드렸다. 이명박 전 대통령의 경우, 잘나지 않은 외모와 행상하던 어머니가 어렵게 키운 그의 가난한 어린 시절은 직장인의 신화라는 그의 성공 이미지를 희석했다.

이미 잘난 사람들은 질투를 최대한 불러일으키지 말아야 한다. 러버빌리티를 끝까지 끌고 가서 당선이 된다고 해서 끝이 아니다. 케네디의 사례도 그렇고, 공주로 태어나서 공주로 자라고 나중에는 여왕이 된 박근혜 전 대통령의 사례도 하나의 개별적인 혹은 우연의 사례가 아니다. 연약한 공주인 줄 알았는데 여왕이 되어 군림하려 들었다. 대중은 퍼즐을 하나 더해 완벽을 만들어줬다. 그리고 그들은 그녀를 버렸다.

러버빌리티와 라이커빌리티 사이에서

친하게 지내는 지인이 자신이 스무 살에 깨달은 세상의 부조리에 대해서 이야기한다. 대학교 2학년에 그녀는 쌍꺼풀 수술을 했다. 매우 성공적으로 되었고, 인상이 바뀌고 예쁜 얼굴이 되었다. 그저 얼굴이 조금 더 예뻐졌을 뿐인데, 그녀는 세상이 달라진 것을 느꼈다. "아니, 세상이 이렇게 친절했단 말이야?" 그녀는 자신을 상대하는 사람들의 태도가 쌍꺼풀이 없던 때와 180도 바뀐 것을 경험한 이야기를 하며 열을 올린다. "태어날 때부터 예쁜 것들은 몰라!"

태어날 때부터 예쁘고 매력 있고 똑똑한 사람들은 모른다. 자신이 자연스럽게 가진 것들이 남들에게 어떤 느낌을 주는지 말이다. "선생님, 저는 진짜 열심히 살았어요. 그래서 이 모든 것을 이루었다고요. 누가 거저 준 것도 아니고, 제 피땀눈물의 결정체예요." 따라서 가지고 누리고 있는 것이 모두 내 것이고, 나는 그것을 누릴 자격이 있다고 생각한다.

하지만 어느 날 H.O.T 출신의 강타 씨는 이야기한다. 내가 열심히 한 것이 맞지만 모두가 열심히 한다고 해서 다 그만큼을 누리는 것은 아니라는 것을 알게 되었고, 얼마나 본인이 행운아이며 사람들에게 감사하고 미안해하며 살아야 하는지 알게 되었다고 말이다. 나이가 꽤 들어서지만 이것을 깨달았다는 것은 큰 축복이다.

날 때부터 남들이 좋아할 만한, 부러워할 만한 것들을 가지고 있는 사람들은 그것의 가치를 모른다. 누군가는 평생을 바라고 노력해도 가질 수 없는 것을 본인은 타고났음을 단박에 알기란 사실 쉽지 않다. 우리가 다른 사람들의 삶을 자세히 알지 못하고, 그래서 자신의 삶을 '보통'으로 상정해버리기 때문이다. 그러나 다른 사람들이 자신을 좋아해준다는 것 자체가 사실은 엄청나게 운이 좋은 일임을, 그래서 운이 좋지 않은 이들에게 미안해하고 자신을 좋아해주는 사람들에게 감사해야 할 일임을 알아야 한다.

각 시대의 미남상·미녀상은 다르다. 보통은 익숙한 모습, 그 시대에 사람들에게 찾기 어려운 장점 등을 가진 사람들을 미녀라고 본다. 1990년대 장동건·원빈·정우성과 같이 진한 인상이 최고의 미남상이었다면, 지금은 순하고 부드러운 인상의 송중기나 박보검 같은 사람을 미남으로 친다. 그 시대에 그런 얼굴로 태어난 것이 행운이다.

여성의 얼굴도 다르다. 역사를 길게 보면 또 그렇다. 중국 역사의 최고의 미녀인 양귀비는 키가 작고 통통

한 몸을 가졌다. 그리스 시대에는 신체의 능력이 뛰어나 운동을 잘하는 철학자가 세상의 리더가 되어야 한다고 여겨지며 최고의 인간 취급을 받았다. 하지만 지금은 신체의 능력이 그 시절만큼 대접을 받지는 못한다.

총성이 끊이지 않는 분쟁지역에서 태어나지 않은 것, 신분 제도가 없는 세상에 태어난 것, 모든 행운의 집합체가 만든 것이 러버빌리티다. 고마워하고 낮춰야 하며 자신만큼의 운을 갖지 못한 사람들에게 미안해해야 한다.

그리고 끊임없이 자신이 가진 운을 나눠야 한다. 빌 게이츠도, 마크 저커버그도, 워런 버핏도 그 많은 부를 끊임없이 기부한다. 유재석 씨도 후배들과 사회에 기회와 돈을 끊임없이 나눈다. 신세대가 좋아하는 가수 아이유 씨도 그렇다. 보통 비싼 집에 산다고 하면 다들 고까운 눈으로 쳐다보는데, 이렇게 주구장창 기부 등의 나눔의 행렬에 선 사람들에게는 조금 더 관대한 시선을 보낸다.

영국 왕실의 왕자와 공주들에게는 태어날 때부터 이루 말할 수 없는 혜택이 있다. 그러나 그들은 늘 대중 앞에서 조심하며 살아야 하고, 혹독하게 학습하며, 오랜 기간 목숨을 걸고 군 복무를 하고, 전쟁이 나면 최전선에 서며 노블레스 오블리주를 실천한다.

러버블한 이들이 사회와 동떨어진 개인의 삶과 가치의 존중을 요구하는 것은 가진 사람이 더 가지겠다고 하는 생떼로 느껴진다. 개인의 인권이 반드시 중요하긴 하지만, 모든 사람들이 온전한 개인의 인권을 다 누리고 살고 있지 않은 세상에서 그런 행동은 미움을 사게 마련이다.

부자 대권 후보는 보통 자신이 가진 부를 사회에 환원할 것을 약속한다. 그때 유권자들은 마음을 연다. 돈도 계속 움켜쥐고, 권력도 가지려는 자를 허락하지 않는다.

이러한 대중의 마음은 사람들의 속내를 참 미묘하게도 반영한다. 내가 하늘 아래 제일 잘났다고 외쳐봤자 돌아오는 것은 냉담하고 서늘한 반응뿐일 것이고, 내 불행에 그들은 정의가 구현되었다고 열렬히 박수칠 것이다. 죄 중에서 가장 큰 죄는 '괘씸죄'다.

러버블한 사람들은
어떻게 행동해야 하나?

그럼 러버블한 사람들은 어떻게 행동해야 하나? 베풀고 낮추는 것이 기본이다. 라이커빌리티나 러버빌리티 모두 '인식'이다. 결국 하나의 인식은 또 다른 인식으로 물을 타는 수밖에 없다.

실질적인 것은 여기서 큰 의미가 없다. 그동안 고생한 것이 억울하거나 근사한 이미지를 쌓기 위해서 아무리 많은 노력을 했더라도 모든 것을 성취한 듯한 완벽해 보이는 자신의 이미지를 그저 즐기는 것에 만족해야 한다. 처음에 사람들이 동일시를 할 때는 호감을 불러일으킬 수 있지만 이것이 길게 가면 위험해진다. 대중도 콩깍지가 벗겨지는 순간이 온다. 그러면 어서 전략을 바꿔야 한다.

처음으로 할 수 있는 것은 부러움을 살 만한 행동을 멈추는 것이다. 그것이 나에 대한 사실이라도 드러내면 안 되는 것들이 있다. 나는 내 소개를 할 때 상대에 따라 다르게 설명한다. 상대가 사회적 성취를 많이 이룬 사람들일 때와 그렇지 않을 때가 구분된다. 나는 미국 컬럼비아 박사가 되기도 하고, 미국 박사가 되기도 하고, 그냥 박사를 했다고 하기도 하고, 아예 학위를 언급하지 않을 때도 있다. 받아들이는 사람들을 의식할 필요가 있다.

너무 비싼 옷을 입는 것, 너무 예쁘게 하고 다니는 것 모두 고려해봐야 한다. TV에서 지식인으로 활동을 많이 하던 사람들이 자신의 사생활을 조금씩 노출한다. TV 프로그램에 사생활을 드러내기도 하고, 잡지에 집과 가족을 공개하기도 한다. 환상을 팔아야 돈이 되는 이런 프로그램은 협찬이나 연출을 통해서라도 비현실적인 장면을 연출한다. 이런 일들이 반복되는 것은 조짐이 좋지 않다. 대중들의 질투가 끓는점으로 다가가는 것이 느껴지기 때문이다.

책과 대중강연으로 큰 인기를 끌던 한 종교인은 돈이 많이 들 것 같은 생활을 공개하면서 바로 대중의 뭇매를 맞았다. 그가 그간 강조하던 말들이 거짓으로 느껴졌다. 알고 보니 진정성이 빠진 그의 글이나 강연에 조금이라도 자신의 돈과 시간, 호감을 줬던 사람들이라면 배신감을 느꼈을 것이다. 그와 더불어 일반인의 질투를 자극할 수 있는 생활은 하루아침에 그를 스타의 자리에서 끌어내렸다.

예전에는 사람들이 부자에 대한 질투를 그렇게까지 많이 하지 않았다. 나랑 관련 없는 사람들이라는 생각을 했기 때문이다. 그리고 그때는 부자들이 먹는 음식이나 입는 옷의 가치를 아는 사람들도 많지 않았다. 그냥 좋아 보인다고 하지, 그것이 얼마인지 알지 못하고, 알 수 없는 경우도 많았다.

하지만 경제가 성장하자 그런 가치에 어느 정도 근접한 사람들이 많아졌다. 그리고 그런 정보는 쉽게 SNS를 통해서 퍼져나간다. 또한 그것을 홍보의 기회로 삼아 자신을 과시하고자 하는 사람들의 소비를 불러일으키려는 기업들도 많아졌다. 누가 타는 차가 얼마이고, 쓰는 컴퓨터가 얼마이고, 카메라가 얼마이고. 나는 전혀 관심도 없는 물건의 가격을 알게 되는 기사들이 쏟아지고 나면 그 사람이 얼마나 돈을 많이 쓰는지 알게 된다. 10여 년 전만 해도 내가 알 리가 없는 사실들이다. 유명인이라면 쓰고 있는 볼펜·립밤의 가격까지 뜨는 세상이다.

유명인이 아니라도 그렇다. 나는 명품을 좋아하는 사람은 아니지만 선물을 받거나 내 취향을 저격하는 물건을 세일 때까지 기다렸다가 구매하는 일도 있고, 외국에서 그나마 싸게 구매를 하는 경우도 있다. 그리고 나는 '맘에 딱 드는 물건을 사서 오래 쓰자'라는 생각을 가진 사람이라 트렌디하고 저렴한 것 여러 개보다 좋은 것으로 오래 쓰는 것을 선호한다. 그런데 어느 순간 그것을 모두 읽고 있는 사람들이 있다는 것을 알게 되었다. 그리고 그것의 브랜드까지 다 파악하고 내 취향을 설명해주는 사람까지 만나게 되었다.

내 수업을 듣는 대학생들은 내가 특정 브랜드의 커피와 생수를 마시는 것까지 다 파악하고 있었다. 나에게 그렇게 관심이 많다니, 깜짝 놀랐다. 선물로 받은 로고가 선명하게 박힌 스카프를 하고 나가자 그날 몇 명에게 그 브랜드 이야기를 들었는지 모른다. 과시하고 자랑하고 다니는 기분이 들어서 이제는 조심스러워졌다.

드러내지 않고 안 보이면 그나마 편하게 살 수 있다. 미국의 수많은 부자 기업은 경영권 상속을 하지 않는다. 재산만 상속을 하면 누가 상속받았는지 드러나지 않는다. 그러면 질투를 벗어나서 돈만 누리면서 살 수 있게 된다. '돈과 명예 그리고 질투를 다 누리느냐, 돈만 누리느냐'의 선택이다.

사람이 무언가 계속 잘되면 사실 감을 잃는다. 주변에 그를 칭송하는 사람들이 넘쳐나면서 오만에 빠지기 쉽다. 그리고 그들이 만들어주는 이미지에 도취되어 그것이 의도대로 사람들에게 전달되고 있다고 느끼기 쉽다. 사실 그 순간이 가장 경계해야 하는 순간임을 알아야 한다. 그리고 길게 가려면 자연스럽게 내려올 줄도 알아야 한다.

타인의 고통과 불행을 기뻐하는 샤덴프로이데

샤덴프로이데. 다른 사람의 고통이나 불행을 보고 기뻐하는 마음을 뜻하는 독일어다. 질투와 반대되는 개념이다. 사람들은 보통 남들이 잘되는 것을 보고는 질투를 느끼고 고통스러워하지만, 남들이 잘 안되는 것을 보고는 기뻐한다.

슬랩스틱 코미디가 가장 원초적인 샤덴프로이데다. 넘어지고 자빠지고 다치고 혹이 나는 것을 아이들부터 보면서 좋아한다. 질투를 중화할 수 있는 것 중 하나가 이 샤덴프로이데다.

대중들 사이에서 인기가 많은 지식인 중에 이것을 자연스럽게 잘하는 사람들이 있다. 대중적 인기를 얻었던 한 지식인은 인기가 정점일 때 교수직을 내려놓았다. 그리고 얼마 후 외국으로 떠나서 홀로 외로운 생활을 시작했다. 돈과 지위 면에서 예전보다는 상황이 많이 안 좋아졌다. 다른 사람들은 그가 모든 것을 가졌다고 인식하고 인기도 정점에 있을 때 '조금 더 누려보자' 혹은 '다음 단계로 가보자' 하는 생각이 왜 안 들었겠나? 주변에는 그를 통해서 수익을 얻고자 하는 이들의 부추김이 얼마나 많았겠는가? 그러나 적당히 본인의 손으로 내려놓을 때 큰 탈을 피할 수 있다.

물론 이 분이 무슨 문제가 있는 것은 아니다. 앞서 계속 말했지만, 꼭 문제가 있어서 끌어내려지는 것은 아니다. 질투는 없는 문제도 사실로 만드는 힘을 가졌다. 질투가 넘치기 전에 적당한 선에서 조정되었다.

여성 정치인은 언제나 외모가 이슈가 된다. 물론 공식적으로 드러나지는 않는다. 훌륭한 외모의 여성 정치인이 대중이 만들어주는 최고의 자리까지 가는 일은 흔하지 않다.

한 유명 여성 정치인은 예쁜 외모로 오랜 시간 각종 성형 시술 구설에 휘말렸다. 선거에 나서기로 한 이후 소탈한 이미지를 돋보이게 하기 위해서인지 예능 프로그램에 나왔다. 비누를 박박 칠하며 세수한 후 민낯을 방송에 내보냈다. 거기까지는 괜찮은 전략인 듯하다. 문제는 그 얼굴이 예뻤다는 것이다. 본인은 어떻게 느꼈는지 모르겠다.

부기와 기미 가득한 50대 여성의 일반적인 얼굴이 아니었다. 그 나이에 외모에 신경 쓰는 여성이라면 세수도 무척이나 신경 써서 하는데, 젊은 남성처럼 세수를 하고도 그런 민낯을 가진다는 것은 많은 여성에게 박탈감을 안겨줬다.

그 이후 화장이 옅어지고 머리는 질끈 묶어서 뭔가 내려놓은 듯한 모습을 보여줬다. 그 스타일링은 여자 스티브 잡스로 한때 실리콘 밸리를 후끈 달아오르게 했던 엘리자베스 홈스, 테라노스 창업자가 이미 선보였다. 그녀는 희대의 사기꾼으로 밝혀졌고, 그녀가 떠오를 당시 나이는 20대였다. 그러나 50대인 해당 정치인의 스타일링도 꽤 매력적이었다.

차라리 피부과에서 몇 시간을 보내고 나오는 모습을 보여줬다면 솔직하다는 느낌이라도 줬을지 모르겠다. 한때는 피부과에서 엄청난 돈을 썼다는 것으로 박탈감을 느끼게 했다. 그러나 이제는 돈으로도 그런 얼굴을 가질 수 없는 이들까지 저격한 셈이 되었다.

배우 김혜수 씨에게 동안의 비결이 무엇이냐고 물었더니 "틈만 나면 피부과에 간다"고 했다. 그것을 욕하는 사람은 별로 없다. 사람들은 '천하의 김혜수도 이제는 나처럼 늙어서 저렇게 해야만 하는구나' 하는 마음이 든다. 힐러리 클린턴이 대선 캠페인을 벌이던 기간에 그녀의 못난 외모에 대한 가십 기사가 떴다. 그러자 클린턴 측은 "나는 젊었을 때는 예뻤다"라며, 상당한 미모를 가졌던 젊은 시절의 사진들을 내세웠다.

내 관점에서는 가만히 있었으면 더 좋지 않았을까 한다. 명문가의 딸로 태어나 최고의 학벌과 커리어, 그리고 퍼스트레이디까지 했던 여성이라도 외모 비하는 참을 수 없었나 보다. 여성 정치인이나 기업인이 구속 기소된 후 아무런 치장도 화장도 하지 못한 채 찍힌 사진은 엄청나게 재생산되고 놀라울 수준의 관심을 받는다. 사람들은 그런 모습을 좋아하는 심리를 가졌다.

돈을 많이 버는 연예인은 늘 질투의 대상이 된다. 그러나 어린 시절 너무나 가난했거나, 오랜 기간의 무명의 시간을 겪었거나, 현재 사적으로 큰 문제를 겪고 있거나 병을 앓는 등의 불행을 겪은 사람들에게는 관대하다. 그들에게 자신의 모습을 투영해 희망의 증거로 삼고자 그런 사람들을 더욱 응원하기도 한다. 그들을 응원하는 것이 자신을 응원하는 것과 같다고 생각한다.

가수 장윤정 씨는 행사의 여왕으로 큰돈을 버는 것으로 유명했다. 하지만 가족이 진 빚과 횡령 등의 문제로 골머리를 썩고 어머니의 바르지 못한 행동으로 개인적 불행을 겪고 있는 것이 전 국민에게 생중계되었다. 우리나라에서 가장 비싼 아파트에서 단란한 가정을 꾸리고 사랑을 듬뿍 받는 모습을 보여줘도 괜찮은 이유는 '그녀의 불행'에 있다.

수많은 연예인들이 사업 실패로 큰 빚을 안고 있는 것을 고백한다. 사업 실패는 가슴 아픈 일이지만 그 덕에 그들이 계속 방송 활동을 할 수 있는 것이기도 하다.

짠내 나는 자취생의 삶을 보여주던 〈나 혼자 산다〉가 인기를 끌었다. 주인공들은 그 인기에 힘입어 승승장구하고 큰 부를 얻었다. 그러면서 프로그램은 화려한 싱글들의 삶을 보여주는 쪽으로 자연스럽게 진화했다. 그러다 보니 그 당시의 인기가 떨어지고 있다. 같은 기간을 살아가면서 자신은 그대로 자취생인데 자신과 같은 줄 알았던 연예인들은 고가의 집으로 이사를 가자 이질감도 커졌다. 응원하다가 막상 잘되면 불편해지는 것이다.

어디든 마찬가지다. 군사 정권 이후에 우리나라에서 이런 불행의 역사를 갖지 않은 사람이 대통령이 된 경우도 없다. 남의 불행으로 행복을 느낀다는 것 자체가 비극적이긴 해도 다 그렇게 진화한 데는 이유가 있을 것이다. 질투를 불러일으키는 만큼 다른 사람에게 샤덴프로이데를 느끼게 하면 좋다.

돈으로 지나치게
베풀어라

자본주의에서 너무나도 당연하게 여겨지는 성과급제. 나는 이것에 반대한다. 왜냐하면 일을 잘하는 것만으로도 사람들은 질투를 하기 때문이다. 사람들은 뭐든 다 잘하고 싶어하고, 누가 무언가를 잘하면 부러워한다. 그런데 잘한다고 돈까지 더 주면 그 사람을 미워하게 된다. 어떻게든 균열이 가게 마련이다.

CJ E&M에서 사장보다 더 많은 연봉을 받아가는 스타인 나영석 PD는 오래된 팀을 이끌고 있다. 15년이 넘게 함께하는 팀은 최고의 팀워크를 뽑낸다. 나피디가 한 작품을 할 때 밑에 4명 정도의 피디가 함께 작업을 한다. 그 4명의 피디가 만들어온 영상을 정확하게 1/4씩 쓴다. 물론 더 잘 만들어온 사람이 있게 마련이다. 하지만 더 좋은 영상이라고 그 사람의 영상을 많이 쓰면 미세한 균열이 생기기 시작하고 팀워크가 깨지게 된다고 그는 말한다. 지금 한 작품을 기가 막히게 명작으로 만드는 것이 아니라 길게 가는 팀을 만드는 것이 더 유리하다고 판단한 것이다.

사람들이 인식하는 질투의 대상 중 제일은 보통 돈이다. 전설적인 록 밴드인 퀸이 끝까지 갈 수 있었던 이유 중 하나는 실력과 인기 면에서 압도적이던 프레디 머큐리가 모든 수입을 멤버들과 균등하게 나누었기 때문이다. 오래가는 그룹들은 이런 체제인 경우가 많다.

전 세계에서 가장 많은 수준의 상속세를 내는 삼성 가는 이건희 회장이 운명하자 세금과 별개로 조 단위의 사회 환원을 했다. 들고만 있어도 가격이 계속 올라가는 미술 작품들도 아무런 조건 없이 국가에 내놓았다. 장례는 가족장으로 했고, 그렇게 내놓으면서도 작은 행사조차 하지 않았고 최소한의 보도자료만 냈다. 사람들은 아무리 그 사람이 열심히 했고, 능력 있는 사람이라고 하더라도 그 열매까지 다 누리는 것을 좋아하지 않는다.

게다가 경제적으로 어려웠던 시기를 지난 우리들에게 돈은 더욱 그렇다. 우리 전래 동화의 해피 엔딩은 보통 금은보화다. 우리가 얼마나 돈을 좋아하는 사람들인지 알 수 있다. 따라서 갖게 된 것을 무조건 베풀어야 한다. '이 정도까지 안 해도 되는데' 싶을 정도로 베풀어야 중간은 간다. '밥은 내가 샀으니까 커피는 네가 사'로는 안 된다. 밥도 사고 커피도 사야 한다. 단, 공치사는 절대 하지 말아야 하고, 돈을 쓰는 것이 돈 자랑으로 느껴지지 않도록 조심해야 한다.

그렇게 하면 호구가 되는 것 아니냐고 하는 사람들도 있다. 호구가 되는 것이 질투의 대상이 되는 것보다 낫다. 우리가 보통 잘난 사람들 중에 '착하다'고 하는 사람들을 보곤 하는데, 그런 사람들은 대부분 당하는 줄 모르는 척하며 당해주는 사람이다. 그 속은 알 수 없지만 말이다.

부자를 인정하는 미국의 경우도 빈부 격차가 커지면서 사회적 균열이 커지고 있다. 1%의 부자가 가지고 있는 부가 점점 많아지고, 교육으로 더는 메꿀 수 없는 경지의 양극화는 사회를 병들게 하고 있다. 이런 상황이 심각한 사회적 갈등을 초래한다.

현재 미국에서 전염병 이외의 가장 큰 사회 이슈는 다양성의 수용과 평등인데, 이 다양성 수용은 그 이면에 '사회적 경제 불평등 해소'라는 큰 그림을 가지고 있다. 능력주의를 내세워서 능력이 없는 사람이 가난한 것을 정당화했고, 그런 사람들은 사회의 바닥으로 내려갔다. 미국의 주요 도시는 이런 자들로 가득하고, 법을 무서워하지 않는 그들은 각종 범죄를 저지르며 도시 전체를 위협하고 있다. 법이 아무리 강화되어도 미국의 사건 사고 뉴스는 19금으로 처리하고 싶을 만큼 끔찍하다. 여기서 법과 정의, 도덕을 외치는 것이 무슨 의미가 있겠는가.

반면 빈부 격차가 크지 않은 북유럽의 세금은 상상을 초월한다. 소득의 90%까지도 과세를 한다. 부의 재분배에 많은 사회적 노력이 들어간다. 연봉이 얼마이든 세금을 내고, 그러다 보니 빈부 격차가 큰 폭으로 줄어든다. 세계 최고 부자 중의 하나인 이케아의 창업주이자 회장도 자전거를 타고 출퇴근을 한다. 프랑스 인시아드에서 일할 때 그것을 체감했다. 보통 50일 정도의 개인 휴가가 있는데, 여름에는 한 달 정도를 푹 쉰다. 엄청난 수입을 올리는 세계적인 교수는 프랑스 남부에 있는 그림 같은 별장에서 시간을 보낸다. 센터에서 행정업무를 보는 직원은 한 달간 경치 좋은 곳에 캠핑카를 세워놓고 느긋하게 휴가를 보낸다. 삶의 형태는 비슷하다.

오히려 세계적인 교수님은 그 와중에도 하루에 몇 시간씩 책이나 논문을 쓰고 계신다. 직원은 교수님이 일을 너무 많이 하신다고 걱정을 한다. 부가 있더라도 과시하지 않고, 그것이 삶의 질에 지대한 차이를 만들었음을 드러내지도 않는다. 그렇게 되면 질투도 줄어들고, 캠핑장 조성 등에 필요한 세금을 많이 내는 이들을 존중하고 존경하는 현상이 일어난다. 내가 천 원짜리를 백 원만 내고 즐기는데 어떤 사람들은 만 원을 내고 즐긴다고 생각하면 기분이 좋을 수 있고 만 원 내는 사람들에게 질투 이외의 감정을 느낄 수도 있다.

결국 돈은 사람들에게 매우 중대한 요소가 된다. 돈은 삶의 스타일과 관련이 있다. 삶의 스타일의 차이는 사람들에게 크게 신경이 쓰이는 요소이므로 내가 부유한 삶의 스타일을 과시하지 않는 것과 동시에 돈은 무조건 베푸는 데 써야 한다. 내가 러버블하다고 생각하면 밥과 술을 사는 데, 그리고 기부하는 데 돈을 아끼지 말아야 한다.

돈이 없으면 마음으로 베풀면 된다. 내가 낮추는 것 다음은 상대를 올리는 것이다. 주변 사람들을 모두 대단한 사람들로 만들어주고 그 사람들에게 찬사를 보내는 것은 누구에게나 유효하다. 하지만 러버블한 사람에게는 특히 필수적이다. 러버블한 사람이 가만히 있으면 상대는 자신을 무시한다고 생각하기 쉽기 때문이다.

그런 부정적인 감정을 느끼게 하는 것, 그래서 남들이 나로 인해 괴로운 것이 나의 기쁨이라면 자기애성 성격장애 등 정신 질환을 의심해볼 수 있다. 이런 사람에게 라이커블이라는 말은 어울리지 않는다. 그러나 그런 것이 본인이 의도한 것이 아니라면 계속 상대를 인정하는 말들을 해주는 것이 필요하다. 그들에게 그런 것을 느끼게 할 유효한 찬사의 말을 찾아내는 노력도 필요하다.

봉준호 감독은 영화 〈설국열차〉에서 컴퓨터 그래픽을 담당한 에릭 더스트에게 '당신은 세계 최고의 특수효과 감독입니다'라는 글귀가 적힌 책을 선물했다. 배우들에게는 "이렇게 했던 것은 좋았어"라는 말을 빼먹지 않고 늘 칭찬의 말을 해줬다. 아주 작은 역할을 맡은 단역 배우들의 이름까지 불러주며 그들의 존재를 알아봐주기도 했다.

돈도 쓰고, 마음도 쓰면 좋다. 여의치 않으면 그중 하나라도 충분히 베풀면 된다.

■ **독자 여러분의 소중한 원고를 기다립니다** ─────────────

메이트북스는 독자 여러분의 소중한 원고를 기다리고 있습니다. 집필을 끝냈거나 집필중인 원고가 있
으신 분은 khg0109@hanmail.net으로 원고의 간단한 기획의도와 개요, 연락처 등과 함께 보내주시
면 최대한 빨리 검토한 후에 연락드리겠습니다. 머뭇거리지 마시고 언제라도 메이트북스의 문을 두드
리시면 반갑게 맞이하겠습니다.

■ **메이트북스 SNS는 보물창고입니다** ─────────────

메이트북스 홈페이지 matebooks.co.kr

홈페이지에 회원가입을 하시면 신속한 도서정보 및
출간도서에는 없는 미공개 원고를 보실 수 있습니다.

메이트북스 유튜브 bit.ly/2qXrcUb

활발하게 업로드되는 저자의 인터뷰, 책 소개 동영상을 통해 책
에서는 접할 수 없었던 입체적인 정보들을 경험하실 수 있습니다.

메이트북스 블로그 blog.naver.com/1n1media

1분 전문가 칼럼, 화제의 책, 화제의 동영상 등 독자 여러분을 위
해 다양한 콘텐츠를 매일 올리고 있습니다.

메이트북스 네이버 포스트 post.naver.com/1n1media

도서 내용을 재구성해 만든 블로그형, 카드뉴스형 포스트를 통해
유익하고 통찰력 있는 정보들을 경험하실 수 있습니다.

STEP 1. 네이버 검색창 옆의 카메라 모양 아이콘을 누르세요. STEP 2. 스마트렌즈를 통해 각 QR코드를 스캔하시면 됩니다.
STEP 3. 팝업창을 누르시면 메이트북스의 SNS가 나옵니다.